Christopher Görlich

CITY|TRIP

MÜNSTER

Nicht verpassen!

Karte S. 3

1 St.-Paulus-Dom [D3]
Mächtig erhebt sich der Dom im Herzen der Stadt. Nach einer Renovierung in den Jahren 2010 bis 2013 erstrahlt das Gotteshaus im neuen Glanz (s. S. 59).

4 Historisches Rathaus und Friedenssaal [E4]
Vom Stolz und Reichtum der Bürgerschaft zeugt die Fassade des Rathauses. Heute erinnert vor allem der Friedenssaal an den Westfälischen Frieden, der den Dreißigjährigen Krieg beendete (s. S. 67).

7 Lambertikirche [E3]
Drei Käfige hängen am Kirchturm der Lambertikirche. Nach der Niederschlagung des Täuferreichs wurden die Leichen der Anführer dort aufgehängt (s. S. 71).

10 Erbdrostenhof [F4]
Johann Conrad Schlaun schuf mit dem Erbdrostenhof ein Meisterwerk der Architektur und den schönsten Adelshof der Stadt (s. S. 77).

11 Clemenskirche [E4]
Die Clemenskirche ist ein Kleinod barocker Baukunst. Die reiche Rokoko-Ausstattung macht sie auch zu einer beliebten Hochzeitskirche (s. S. 78).

19 Kunstmuseum Pablo Picasso [D4]
Das Museum zeigt mit seinen Wechselausstellungen immer wieder neue Perspektiven der modernen Kunst (s. S. 89).

20 Liebfrauen-Überwasserkirche und Diözesanbibliothek [D3]
Dem markanten Turm der Kirche wurde 1534 von den Täufern die Spitze heruntergerissen. Die ebenfalls auffällige Diözesanbibliothek ist ein Highlight moderner Architektur (s. S. 90).

28 Promenade [E5]
Als autofreie Lindenallee führt die Promenade um die Altstadt. Der 4,5 Kilometer lange Weg gehört zu den schönsten Orten der Stadt (s. S. 98).

30 Zwinger [E2]
Der Zwinger war Bollwerk, Gefängnis, Künstlerwohnung, HJ-Heim und Hinrichtungsstätte der Gestapo. Heute ist er Mahnmal für die Opfer des Nationalsozialismus in Münster (s. S. 101).

35 Aasee [B6]
Rund um den See sind viele Kunstwerke der Münsteraner Skulpturenausstellungen zu entdecken und am südlichen Teil befinden sich das Freilichtmuseum Mühlenhof, das Naturkundemuseum und der Allwetterzoo (s. S. 106).

Leichte Orientierung mit dem cleveren Nummernsystem

9783831728138
W0172547

Münster auf einen Blick

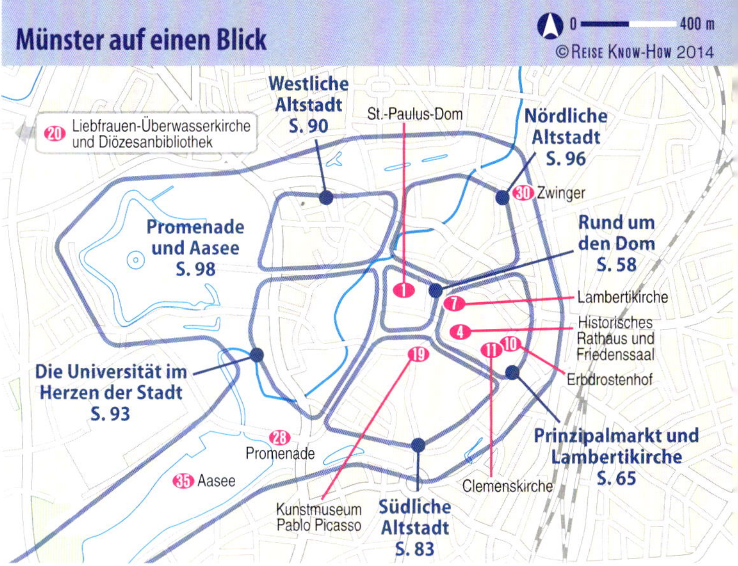

Inhalt

Bewertung der Sehenswürdigkeiten

★★★ auf keinen Fall verpassen
★★ besonders sehenswert
★ wichtige Sehenswürdigkeit für speziell interessierte Besucher

Benutzungshinweise

Orientierungssystem

Eine **Liste der im Buch beschriebenen Örtlichkeiten** wie Sehenswürdigkeiten, Restaurants, Hotels, Cafés, Infostellen befindet sich auf Seite 139.

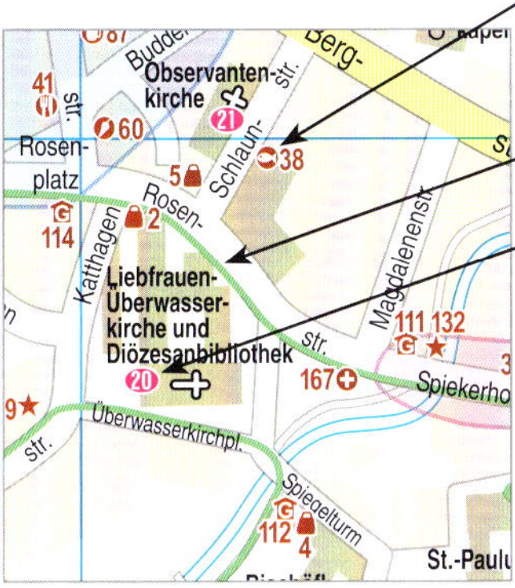

Zur schnelleren Orientierung tragen alle Hauptsehenswürdigkeiten und Lokalitäten sowohl im Text als auch im Kartenmaterial die gleiche Nummer:

38 Mit Symbol und fortlaufender Nummer werden die sonstigen Lokalitäten wie Cafés, Geschäfte, Hotels, Infostellen usw. gekennzeichnet.

› Die farbige Linie markiert den Verlauf des Stadtspaziergangs (Seite 15).

20 Mit einer fortlaufenden magentafarbenen Nummer sind die Hauptsehenswürdigkeiten gekennzeichnet. Steht die Nummer im Fließtext, verweist sie auf die Beschreibung dieser Sehenswürdigkeit im Kapitel „Münster entdecken".

[D3] In eckigen Klammern steht das Planquadrat im Kartenmaterial, in diesem Beispiel Planquadrat D3.

Ortsmarken ohne Angabe des Planquadrats liegen außerhalb unserer Karten. Sie können aber wie alle Örtlichkeiten in unseren speziellen Luftbildkarten auf der Produktseite dieses Buches unter www.reise-know-how.de oder direkt unter http://ct-muenster14.reise-know-how.de lokalisiert werden.

Vorwahlen

- **Münster:** Tel. 0251
- **Deutschland:** Tel. 0049
- **Österreich:** Tel. 0043
- **Schweiz:** Tel. 0041

Exkurse zwischendurch

Impressum

Christopher Görlich

CityTrip Münster

erschienen im
Reise Know-How Verlag Peter Rump GmbH,
Osnabrücker Str. 79, 33649 Bielefeld

2., neu bearbeitete und komplett aktualisierte Auflage 2014

ISBN 978-3-8317-2419-2
Printed in Germany

Dieses Buch ist erhältlich in jeder Buchhandlung Deutschlands, der Schweiz, Österreichs, Belgiens und der Niederlande. Bitte informieren Sie Ihren Buchhändler über folgende Bezugsadressen:
Deutschland: Prolit GmbH, Postfach 9, D-35461 Fernwald (Annerod) sowie alle Barsortimente
Schweiz: AVA Verlagsauslieferung AG, Postfach 27, CH-8910 Affoltern
Österreich: Mohr Morawa Buchvertrieb GmbH, Sulzengasse 2, A-1230 Wien
Niederlande, Belgien: Willems Adventure, www.willemsadventure.nl
Wer im Buchhandel kein Glück hat, bekommt unsere Bücher auch über unseren Büchershop im Internet:
www.reise-know-how.de

Herausgeber: Klaus Werner
Lektorat: amundo media GmbH
Layout: Klaus Werner (Umschlag), amundo media GmbH (Inhalt)
Karten: Ingenieurbüro B. Spachmüller, amundo media GmbH
Druck und Bindung: Media-Print, Paderborn
Fotos: siehe Bildnachweis Seite 136
Anzeigenvertrieb: KV Kommunalverlag GmbH & Co. KG, Alte Landstraße 23, 85521 Ottobrunn, Tel. 089 928096-0, info@kommunal-verlag.de

Wir freuen uns über Kritik, Kommentare und Verbesserungsvorschläge:
info@reise-know-how.de

Latest News

Unter **www.reise-know-how.de** werden aktuelle Ergänzungen und Änderungen der Autoren und Leser zum vorliegenden Buch bereitgestellt. Sie sind auf der Produktseite dieses CityTrip-Titels abrufbar.

Auf ins Vergnügen

003ms Abb.: cg

Münster an einem Tag

Morgens – Rundgang durch die Altstadt

In Münster liegen Geschichte und moderne Kultur, geschäftiges Treiben, Vergnügen und idyllische Plätze dicht beieinander. Der im Kapitel „Münster für Citybummler“ beschriebene **Stadtrundgang** (s. S. 15) führt zu den wichtigsten Sehenswürdigkeiten und den schönsten Orten der Stadt.

Nachmittags – Kunstgenuss

Nicht weit vom Domplatz entfernt befindet sich das **Kunstmuseum Pablo Picasso** ⓳, das in seinen Ausstellungen nicht nur den spanischen Künstler, sondern auch viele weitere Vertreter der Moderne präsentiert. In den **Münster Arkaden** ⓯, in die das Picasso-Museum architektonisch geschickt einbezogen ist, lässt sich der Kunstgenuss auf angenehme Weise mit einem Cafébesuch und einem Einkaufsbummel verbinden.

Abends – Kuhviertel

Das **Kuhviertel** (s. S. 30) in Münster zählt bei Studenten und bei Münsteranern jeden Alters schon seit Jahrzehnten zu den beliebtesten Ausgehorten. Vor allem die recht zentrale Lage in der Altstadt macht das Viertel mit seinen urigen Kneipen zum idealen Ort, um den Tag in Münster ausklingen zu lassen.

◁ Vorseite: Die Kreuzstraße [C2] im Münsteraner Kuhviertel ist seit Jahrzehnten eine beliebte Ausgehmeile

Münster an einem Wochenende

1. Tag: Stadterkundungen

Auch wer mehr Zeit als nur einen Tag in Münster verbringt, kann zunächst mit dem Stadtrundgang, der im Kapitel „Münster für Citybummler“ beschrieben ist, einen Überblick über die Stadt gewinnen (s. S. 15).

Geschichtsinteressierte sollten am Nachmittag im **Stadtmuseum** (s. S. 38) in die Münsteraner Geschichte eintauchen, Fans moderner Kunst wird der Weg indes zum **Picasso-Museum** ⓳ führen. Am Abend bieten das **Stadttheater** ㉖ und mehrere kleinere Bühnen ein vielfältiges Programm.

2. Tag: Kunst und Natur

Mit 90 ha ist der **Aaseepark** das größte Naherholungsgebiet in der Stadt. Doch nicht nur (Wasser-)Sportler, Spaziergänger und Radfahrer, sondern auch Kunstliebhaber kommen hier auf ihre Kosten. Wohl an keinem anderen Ort der Stadt haben die alle 10 Jahre stattfindenden Skulpturenausstellungen so dichte Spuren hinterlassen. Längst ist das Ufer des Aasees zur **Skulpturenmeile** geworden.

Am südlichen Teil des Aasees ㉟ warten zwei Museen ganz unterschiedlicher Art auf den Besucher. Das **Freilichtmuseum Mühlenhof** (s. S. 38) bietet einen interessanten Einblick in das westfälische Leben früherer Jahrhunderte, das **LWL-Museum für Naturkunde** (s. S. 37) informiert über Fauna und Flora. Sehenswert ist auch das an das Naturkundemuseum angeschlossene Planetarium und schließlich befindet

Das gibt es nur in Münster

- ***Eiserne Käfige am Turm der Lambertikirche*** ❼. *Hoch am Turm der Lambertikirche hängen drei eiserne Käfige. In ihnen wurden 1536 die Leichen der Anführer der Täuferbewegung aufgehängt.*
- ***Bogengänge des Prinzipalmarkts*** ❸. *Schon Fabio Chigi, der spätere Papst Alexander VII., soll die Bogengänge bewundert haben, als er während der Verhandlungen zum Westfälischen Frieden in Münster weilte.*
- ***Friedenssaal*** ❹. *Noch bevor die Verhandlungen zum Westfälischen Frieden abgeschlossen waren, wurde im Historischen Rathaus am 15. Mai 1648 der Frieden zwischen Spanien und den Niederlanden geschlossen. Er war die Geburtsstunde der modernen Niederlande.*
- ***Skulpturenausstellung.*** *Seit 1977 findet in Münster alle zehn Jahre eine Skulpturenausstellung statt, an der sich zahlreiche Künstler von internationalem Rang beteiligen. Für 100 Tage wird der öffentliche Raum zur Ausstellungsfläche – doch auch nach dem Ende der Ausstellung bleiben viele Skulpturen stehen und prägen das Stadtbild (s. S. 40).*
- ***Pumpernickel.*** *Dunkles, fast schwarzes Brot aus Roggenschrot, das zu den westfälischen Spezialitäten zählt.*
- ***Lambertussingen – O Buer, wat kost' dien Hai ...*** *Im September ziehen Kinder mit selbstgebastelten Laternen zum Lambertussingen.*

sich in unmittelbarer Nähe des Naturkundemuseums auch der **Allwetterzoo** ㊱ – wie der Name verrät, kann der Zoo bei jedem Wetter besucht werden, weil überdachte Gänge die Besucher vor Regen schützen.

Den Abend verbringt man im **Hot Jazz Club** (s. S. 33) oder in einer der anderen Lokalitäten, die den **Hafen** (s. S. 32) in den letzten Jahren zum Leben erweckt haben.

3. Tag: Ausflüge ins Umland

Am dritten Tag lohnt ein Ausflug ins Umland. Im **Rüschhaus** ㊳ bei Nienberge und an der **Burg Hülshoff** ㊲ bei Havixbeck wandelt man auf den Spuren der Dichterin Annette von Droste-Hülshoff. Von hier sind die **Baumberge** nicht weit, die zu ausgedehnten Wanderungen einladen.

Am Brunnen an der Neubrückenstraße/Ecke Bogenstraße [E3] lädt eine Eisdiele zum Verweilen ein

Zur richtigen Zeit am richtigen Ort

In Münster ist immer etwas los. Lyrikertreffen, Jazzfestival und AaSeerenaden locken Kulturfreunde, beim Radrennen und Marathon kommen Sportsfreunde auf ihre Kosten und für Genießer gibt es „Münster verwöhnt". Besonders dicht liegen die Veranstaltungen im August und September beieinander.

Frühling

- **Hansemahl:** Am „Tag der Internationalen Hanse" im April laden die am Prinzipalmarkt ③ ansässigen Kaufleute zum Festmahl, um an die Mitgliedschaft der Stadt Münster in der Hanse zu erinnern. An einer 100 Meter langen Festtafel werden Münsteraner und Gäste von den Kaufleuten persönlich mit westfälischen Schnittchen bewirtet.
- **Lyrikertreffen:** Während des Lyrikertreffens ermöglichen Lesungen, Vorträge und Gespräche Begegnungen zwischen Lyrikern, Wissenschaftlern, Publikum und Medienvertretern. Das Treffen findet im zweijährigen Rhythmus in allen ungeraden Jahren im Mai statt.

Sommer

- **Grünflächenunterhaltung:** An zwei Samstagen im Mai und Juni wird es musikalisch auf der Promenade ㉘, dann findet nämlich die „Grünflächenunterhaltung" statt. Rund um den 4,5 km langen Grüngürtel der Stadt geben professionelle Musiker und Laien Konzerte.
- **Motorrad-Tage:** Anfang Juni kommen Motorradfans bei den Münsteraner Motorrad-Tagen auf ihre Kosten. Höhepunkt ist der Große Motorradkorso über den Prinzipalmarkt ③ (www.motorradtage-muenster.de).
- **Münster Classics:** Ebenfalls im Juni kann man Oldtimer vor der historischen Kulisse der Stadt Münster erleben. Eine gemeinsame Ausfahrt führt die Oldtimerfreude durch die Innenstadt und das Münsterland (www.muensterclassics.de).
- **Hafenfest:** Dass der Hafen längst zu einem lebendigen Bestandteil Münsteraner Lebensart geworden ist, beweist nicht zuletzt das Hafenfest. Im Juni treten auf drei Bühnen berühmte Bands auf und im Hafenbecken werden sportliche Aktionen zum Mitmachen geboten (www.ms-hafenfest.de).
- **Christopher Street Day:** Seit 2009 wird im Juni der Münsteraner CSD gefeiert. Ein buntes, tolerantes Fest mit Musik und Kleinkunst am Rathaus-Innenhof. (http://csdmuenster.wordpress.com).

EXTRATIPP

Der Send

Dreimal im Jahr findet auf dem Schlossplatz der Send statt. Im März/April, Ende Juni und Ende Oktober wartet der **Jahrmarkt** auf 40.000 m² mit über 200 Fahr- und Schaugeschäften, gastronomischen Betrieben und dem traditionellen Topfmarkt auf. An einzelnen Tagen, die jeweils besonders beworben werden, gibt es Vergünstigungen. In den Tagen, an denen der Send stattfindet, wird am Rathaus ④ das Sendschwert gezeigt. Es soll die Besucher an den Marktfrieden erinnern, der im Mittelalter mit harten Strafen durchgesetzt wurde.

- Schlossplatz [B3], Buslinie 1 (Schlossplatz), Buslinie 5, 6 (Überwasserstraße), Buslinie 11, 12, 13 und 22 (Landgericht), www.send.muenster.de

- **AaSeerenaden:** Von Klassik bis Pop – bei dem Open-Air-Musikfestival im Juli ist vor traumhafter Kulisse an den Aaseeterrassen für jeden Geschmack etwas dabei. Die Bühne wird auf dem See errichtet, die Zuhörer nehmen auf den Terrassen Platz. Der Eintritt ist kostenlos. Zum Abschluss findet ein großes Feuerwerk zu klassischer Musik statt.
- **Münster verwöhnt:** Im Juli präsentieren die besten Restaurants der Stadt ihre Kunst. Vor der schönen Kulisse des Münsteraner Schlosses (29) bieten sie dem Besucher eine erlesene Auswahl ihrer Köstlichkeiten an.
- **Montgolfiade:** Am letzten Augustwochenende geht Münster in die Luft: Ruhig und sanft gleiten unzählige Heißluftballons über das Münsterland. Sie starten an den Aaseewiesen zu ihren Wettfahrten, ein Rahmenprogramm sorgt für die Unterhaltung der Besucher. Glanzvoller Höhepunkt ist das abendliche Ballonglühen im Takt der Musik (www.muenster-montgolfiade.de).
- **Turnier der Sieger:** Ende August dreht sich am Schlossplatz [B3] alles um das Pferd, den Dressur- und den Springsport. Auf den Tribünen vor dem Schloss können die sportlichen Entscheidungen live und hautnah miterlebt werden, auf dem Schlossplatz sind gastronomische Angebote zu finden und es gibt Ausstellungen rund um das Pferd und den Pferdesport sowie ein Rahmenprogramm (www.turnierdersieger.de).

EXTRAINFO

Termine

Tagesaktuelle Informationen über Veranstaltungen, Termine und Orte geben die kostenlosen Stadtblätter **Na dann, Die Wochenschau** und **Ultimo.** Im Internet informiert die Website **http://termine.muenster.org** über aktuelle Veranstaltungen.

005ms Abb.: gc

- **Schauraum – Fest der Museen und Galerien:** Ende August/Anfang September wird Münster für ein Wochenende zum Schauraum. Am Samstag sind die Museen und Galerien der Stadt bis Mitternacht geöffnet, zahlreiche Sonderausstellungen und Musikveranstaltungen runden das Programm ab (www.muenster.de/stadt/tourismus).

Herbst

- **Volksbank-Münster-Marathon:** Im Zeichen des Sports steht die Stadt im September, wenn der Münster Marathon stattfindet. Ganz Münster feiert mit (www.volksbank-muenster-marathon.de).
- **Wilsberg-Promi-Kellnern:** Im September kellnern Leonard Lansink alias Wilsberg und sein Team aus dem gleichnamigen ZDF-Krimi für einen guten Zweck an den

An den Aaseewiesen starten während der Montgolfiade die Ballons

Aaseeterrassen. Der Erlös dieses alljährlichen Events kommt der Krebshilfe zugute.

› **Sparkassen Münsterland Giro:** Natürlich findet in der Fahrradhauptstadt Münster auch ein großes Radrennen statt. Jedes Jahr am 3. Oktober fallen die Startschüsse für verschiedene Rennklassen. Neben internationalen Radsportgrößen können sich auch Amateure am „Jedermann-Rennen" beteiligen. Diejenigen, die sich selbst nicht auf die Rennstrecken wagen wollen, finden am Schlossplatz [B3] ein reiches Rahmenprogramm mit Ausstellern, Musik und Gastronomie (www.sparkassen-muensterland-giro.de).

› **Tag des Westfälischen Friedens:** Rund um den 25. Oktober, den Tag des Westfälischen Friedens, erinnert sich die Stadt an den historischen Friedensschluss, der 1648 den 30-jährigen Krieg beendete. Im Innenhof des Rathauses ❹ und in der Altstadt setzen Laienschauspieler die historischen Ereignisse in Szene.

› **Elternalarm:** In einer gemeinsamen Aktion von Münster Marketing und den Hochschulen werden an einem Wochenende im November die Eltern der Münsteraner Studenten eingeladen, die Stadt und die Universität kennenzulernen. Mit dem sogenannten Elternausweis können die Busse der Stadt kostenlos genutzt werden, es gibt Ermäßigungen für Museen und Theater und in der Mensa können Mama und Papa zum Studentenpreis essen (www.elternalarm.de).

Winter

› Von nah und fern kommen Besucher und Touristen nach Münster, um die **Weihnachtsmärkte** der Stadt zu besuchen. Man sollte sich Zeit nehmen, denn es gibt davon gleich fünf in der Innenstadt. Der älteste und immer noch größte Weihnachtsmarkt findet auf dem Platz des Westfälischen Friedens hinter dem Historischen Rathaus ❹ statt. Hier wird eine große Auswahl an Schmuck und Kunstgewerbe präsentiert, es gibt ein Kinderkarussell und kulinarische Angebote und natürlich Glühweinstände. Am hohen Tannenbaum an der Lambertikirche ❼ befindet sich der Lichtermarkt mit Weihnachtsschmuck, Spielzeug und weihnachtlichen Leckereien. Am Kiepenkerl

069ms Abb.: Presseamt Münster / Tilman Roßmöller

(s. S. 96) entsteht alljährlich ein kleines Weihnachtsdorf mit westfälischen Spezialitäten, Schmuck und Kunsthandwerk. Der Giebelhüüskesmarkt findet vor der Überwasserkirche 20 statt. Auch hier laden Stände mit Kunsthandwerk, Kunstgewerbe und gastronomischem Angebot zum Kaufen und Genießen ein. Der Adventsmarkt am Aegidiimarkt [D4] rundet schließlich das weihnachtliche Angebot ab.

› **Internationales Jazzfestival Münster:** In ungeraden Jahren wird das Stadttheater 26 am ersten Januarwochenende zum Zentrum der internationalen Jazzmusik. Zahlreiche Größen der Jazzszene aus aller Welt geben Konzerte. In den geraden Jahren findet ebenfalls Anfang Januar im Stadttheater der Konzertabend „Jazz Inbetween" statt (www.jazzfestival-muenster.de).

› **Karneval:** Münster ist die westfälische Karnevalshochburg. Bereits in den letzten beiden Wochen der Fastenzeit ziehen die Karnevalszüge durch die Stadtteile Sprakel, Hiltrup und Wolbeck. Die Innenstadt von Münster bevölkert der Karnevalszug am Rosenmontag (www.bmk-muenster.de).

‹ Der romantische Lichtermarkt an der Lambertikirche 7 gehört zu den fünf Weihnachtsmärkten, die im Dezember in Münster stattfinden

Münster für Citybummler

Mit einer Fläche von 303 km² gehört Münster zu den flächenmäßig größten Städten in Deutschland, doch die meisten Sehenswürdigkeiten, Einkaufsstraßen und Kultureinrichtungen befinden sich innerhalb des Promenadenrings: Dort, wo sich einst die Stadtmauer befand, verläuft heute eine autofreie Lindenallee rund um die Altstadt.

In Münsters Altstadt kommt man ohne Auto aus. Sein Fahrzeug kann man getrost in einem der zentral gelegenen Parkhäuser oder auf Parkplätzen (s. S. 116) abstellen. Zu Fuß oder mit dem Fahrrad, das man natürlich auch mieten kann, sind alle Ziele in der Altstadt schnell erreicht. Zudem gibt es ein Busliniennetz, das bis in die Nacht hinein bedient wird, so kommt man auch nach dem Kneipenbummel sicher ins Hotel.

Die Struktur der Altstadt ist recht einfach und leicht überschaubar. Mittendrin liegt auf einer kleinen Erhöhung der Domplatz 2 mit dem mächtigen **Dom** 1, der **Universität** (s. S. 93), dem **Landesmuseum für Kunst und Kulturgeschichte** (s. S. 37) und einigen Verwaltungsgebäuden. Hier nahm die Geschichte der Stadt ihren Anfang, als der hl. Liudger 793 an dieser Stelle ein Kloster errichtete. Rund um diese Domburg siedelten sich im 10. und 11. Jahrhundert Kaufleute an. Noch heute erinnern **Prinzipalmarkt** 3, Roggenmarkt und Rothenburg an diese Entwicklung, denn diese Einkaufsstraßen legen sich im engen Bogen um die ehemalige Domburg.

Entlang alter Handelswege führen **Salzstraße** 8 und **Ludgeristra-**

006ms Abb.: cg

ße [E4/5] vom Zentrum der Stadt nach Osten bzw. Süden. Sie sind neben dem Prinzipalmarkt die wichtigsten Einkaufsstraßen der Stadt. Zwar dominieren auch hier wie andernorts die Filialgeschäfte, doch noch immer gibt es einige inhabergeführte Einzelhandelsgeschäfte. Kaum ein Konsumwunsch bleibt in Münster unbefriedigt.

Seit einigen Jahren ist auch der wenig einladende Parkplatz zwischen Ludgeristraße und Salzstraße einer modernen Bebauung gewichen: Mit der neuen Bebauung der **Stubengasse** (16) im Jahre 2009 erhielt das Stadtzentrum einen weiteren architektonischen Höhepunkt.

Weniger kommerziell geht es hingegen im Westen der Stadt zu. Im Viertel um die **Überwasserkirche** (20) wurde ursprünglich Kuhhandel getrieben, woran der Name **Kuhviertel** (s. S. 30) erinnert. In den folgenden Jahrhunderten ließen sich hier kleine Gewerbetreibende und Handwerker nieder, heute ist das Viertel von einem vergleichsweise hohen Anteil individueller Geschäfte geprägt. Besonders hervorzuheben sind die hier ansässigen Galerien. Bekannt und beliebt ist das Kuhviertel auch für ein Nachtleben, das vor allem – aber nicht nur – die Studenten genießen.

Ganz in der Nähe sind wichtige Gebäude der Universität zu finden. Am Domplatz steht das **Fürstenberghaus** (22) mit der Philosophischen Fakultät, in den Niederungen der Aa sind neben den Theologen und Juristen auch die Wirtschaftswissenschaftler ansässig. Hier zwischen den Universitätsgebäuden an der Aa ist schließlich ein guter Ausgangspunkt, um auch das grüne Münster zu entdecken. Der kleine Fluss, dessen Name nichts anderes als Wasser bedeutet, schlängelt sich durch die ganze Stadt. An seinem Ufer wurde der beschaulich ruhige Aaseitenweg angelegt – schnell ist das Treiben der Stadt hier vergessen.

Stadtspaziergang

Routenverlauf im Stadtplan

Der hier beschriebene Spaziergang ist mit einer farbigen Linie im Stadtplan eingezeichnet.

Der Stadtspaziergang, der zu den wichtigsten Sehenswürdigkeiten und den schönsten Orten Münsters führt, beginnt am **Domplatz** 2, wo die Geschichte der Stadt vor über 1200 Jahren ihren Anfang nahm. Gerade noch hat man den mächtigen **Dom** 1 vor Augen, so grüßt schon von Weitem die prachtvolle Fassade des **Historischen Rathauses** 4 am **Prinzipalmarkt** 3. Nach einem Besuch des **Friedenssaals** führt der Spaziergang über den Prinzipalmarkt mit den berühmten Bogengängen zur **Lambertikirche** 7. Am neugotischen Turm dieser Stadt- und Marktkirche hängen noch heute drei Käfige, in denen 1536 die Leichen der Anführer der Täuferbewegung aufgehängt wurden.

Freunde moderner Architektur gehen nun hinter der Lambertikirche den Alten Steinweg entlang und stehen nach wenigen Metern vor der **Stadtbücherei** 13 aus dem Jahre 1993 und dem **Kiffe-Pavillon** 12 aus dem 1950er-Jahren. Beide Gebäude sind Musterbeispiele der Münsteraner Nachkriegsarchitektur, die international Aufmerksamkeit erregt haben.

Wem der Sinn indes nach dem geschäftigen Treiben der Einkaufsstraße steht, schlendert die **Salzstraße** 8 entlang. An der **Dominikanerkirche** 9 treffen beide Wege wieder zusammen. Das Gotteshaus bildet den vergleichsweise schlichten Auftakt zum „Barocken Dreieck", dessen weitere Ecken der prunkvolle **Erbdrostenhof** 10 und die nicht weniger prachtvolle **Clemenskirche** 11 darstellen. Den Erbdrostenhof erreicht man von der Dominikanerkirche aus, wenn man der Salzstraße ein kurzes Stück weiter folgt. Von dort sind es schließlich nur wenige Meter bis zur Clemenskirche, die fast ein wenig hinter dem Erbdrostenhof liegt und durch die Ringoldsgasse erreichbar ist. Der barocke Garten hinter der Clemenskirche lädt zum Verweilen ein und nur wenige Meter weiter bietet das **Euthymia-Zentrum** (s. S. 35) mit einer sehenswerten Ausstellung einen Blick auf das Leben der 2001 selig gesprochenen Krankenschwester Maria Euthymia.

Sehen und gesehen werden: Straßencafé auf dem Prinzipalmarkt 3

Von der Clemenskirche ist er bereits unübersehbar: Der städtebauliche Paukenschlag an der **Stubengasse** 16. Das postmoderne Architekturensemble aus dem Jahr 2009 setzt einen gelungenen Kontrapunkt zum behutsamen Wiederaufbau der Stadt Münster nach dem Zweiten Weltkrieg.

Weiter führt der Spaziergang über die Klarissengasse zur **Ludgeristraße**, an deren Ende sich die **Ludgerikirche** 17 erhebt, einer der ältesten Sakralbauten in Westfalen. Sie ist dem hl. Luidger, dem Gründungsvater der Stadt Münster, geweiht. Besonders sehenswert ist das Holzkreuz, das während eines Bombenangriffs im Zweiten Weltkrieg beide Arme verlor und zum eindrücklichen Mahnmal für den Frieden wurde.

Zurück Richtung Domplatz führt der Spaziergang über die **Königsstra-**

ße 18. Früher, als die Adligen des Münsterlandes im Winter ihre Landsitze verließen, um in der dunklen Jahreszeit in Münster Hof zu halten, war dies ihre Adresse. Von den zehn Adelshöfen, die sich einst an der Königsstraße befanden, sind indes nur noch wenige erhalten. Eine Reihe interessanter Cafés und Restaurants laden hier aber etwas abseits des städtischen Trubels zu einer kleinen Pause ein.

Am Adolph-Kolping-Platz lohnt ein Abstecher zur fast versteckt gelegenen **Aegidiikirche** (s. S. 88). Zurück an der Königsstraße führt der Spaziergang weiter zum **Kunstmuseum Pablo Picasso** 19 und dem Picasso-Platz, in dessen Pflaster das Konterfei des Künstlers zu sehen ist.

Am Ende der Königsstraße führt der Spaziergang nach links die Straße Rothenburg hinauf. Bald ist zur Linken der **Aegidiimarkt** erreicht, rechts erhebt sich das **Landesmuseum für Kunst und Kulturgeschichte** (s. S. 37), dessen postmoderner Anbau im Herbst 2014 eröffnet werden soll. Entlang dem Museumsneubau führt die Pferdegasse zum Domplatz zurück. Bevor er jedoch erreicht ist, führt der Spaziergang am **Fürstenberghaus** 22 durch den Jesuitengang zu den Niederungen der Aa, wo heute vor allem der quirlige Universitätsbetrieb herrscht. Östlich des Flusses erhebt sich die **Theologische Fakultät**, auf der anderen Seite befinden sich **Juridicum** 24 und **Universitätsbibliothek** 25.

An den Ufern der Aa verläuft ein idyllischer Gehweg mit dem recht prosaischen Namen Aaseitenweg. Wendet man sich auf diesem Weg nach Norden, so gelangt man zur **Überwasserkirche** 20 – die kleine Fußgängerbrücke, die man auf dem Weg unterquert, verbindet das bischöfliche Palais, dessen Rückseite man passiert, mit dem fast paradiesisch anmutenden, aber leider nicht öffentlich zugänglichen Bischofsgarten. An der Überwasserkirche gilt der Blick dem markanten Turm aus dem 14. Jahrhundert wie auch der benachbarten **Diözesanbibliothek**, die 2002 bis 2005 nach Plänen von Max Dudler errichtet wurde. Gegenüber liegt das **Antiquariat Solder** (s. S. 55), das mehrmals im Jahr zum Antiquariat Wilsberg wird, wenn das ZDF hier die neuen Folgen des beliebten Wilsberg-Krimis dreht.

Vom Überwasserkirchplatz lohnt sich ein Abstecher zum **Schloss** 29, das man schnell über die Frauenstraße erreicht. Über die Überwasserstraße gelangt man zurück ins **Kuhviertel** (s. S. 30), wo man sich kurz vor dem Ende des Rundganges noch einmal stärken kann. Der Spaziergang durch die Stadt führt schließlich über den Roggenmarkt am **Kiepenkerl-Denkmal** (s. S. 96) vorbei. Durch die kleine Gasse, die den Namen Horsteberg trägt, erreicht man wieder den Domplatz.

Der Prinzipalmarkt 3 *ist Einkaufsstraße, Flaniermeile und Münsters gute Stube*

007ms Abb.: Presseamt Münster / Tilman Roßmöller

Münster für Kauflustige

Es gibt wohl kaum einen Konsumwunsch, der sich in Münster nicht erfüllen ließe. Der **Prinzipalmarkt** ❸ ist seit Jahrhunderten die erste Adresse der Stadt und wohl die schönste Flaniermeile. Hier und in den angrenzenden Straßen, dem **Roggenmarkt** [E3] und der **Rothenburg** [D4], gibt es vor allem Geschäfte, die zahlungskräftigen Kunden exquisite Kleidung, Schuhe, Schmuck, Kunst und Einrichtungsgegenstände offerieren.

Für den normalen Geldbeutel sind **Salzstraße** ❽ und **Ludgeristraße** [E4/5] interessanter. Neben den bekannten Markengeschäften und Filialen befinden sich hier mit Karstadt (Salzstraße) und Galeria Kaufhof (zwischen Ludgeristraße und Stubengasse) zwei namhafte Kaufhäuser. In den letzten Jahren wurden das Einkaufszentrum **Münster Arkaden** ⓯ am Beginn der Ludgeristraße und die Wohn- und Geschäftshäuser an der **Stubengasse** ⓰ sowie im benachbarten **Hanse-Carré** zum Anziehungspunkt für Kauflustige.

Shoppingareale

Die wichtigsten Shoppingbereiche der Stadt sind im Kartenmaterial mit einer rötlichen Fläche markiert.

EXTRATIPP

Shop 'n' Stop

Der neue Gebäudekomplex mit Geschäften am Alten Fischmarkt nimmt die Formensprache des nahen Prinzipalmarktes auf, setzt aber zugleich neue Akzente im Stadtbild. Im Innenhof stellt u. a. ein französisches Café seine Tische auf – eine gute Möglichkeit für eine Pause.

› Alter Fischmarkt/Ecke Voßgasse [E3], Bült, Bus 1, 5, 6, 7, 8, 9, 12, 13, 14, 15, 16, 17 (Haltestelle Altstadt/Bült)

Märkte

› **Biomarkt am Dom,** Domplatz ❷, Buslinie 1, 2, 10, 11, 12, 13, 14, 22 (Haltestelle Domplatz), www.oekomarkt-ms.de, geöffnet: Fr 12–18 Uhr. Ausschließlich ökologisch erzeugte Produkte werden auf dem Biomarkt am Domplatz angeboten. Auch wenn der Markt deutlich kleiner ist als sein großer Bruder am Mittwoch und Samstag, so gibt es doch ein großes Angebot und einige Spezialitäten wie Ziegen- und Schafskäse, Brot aus regionalem Getreide und je nach Saison regionale Gemüseraritäten wie Topinambur oder Steckrüben.

2 [D3] **Bücher- und Bouquinistenmarkt,** Rosenplatz, Buslinie 5, 6 (Haltestelle Kuhviertel), geöffnet: jeweils am 1. Sonntag der Monate Juni, Juli und August 11–18 Uhr. Leseratten lockt am ersten Sonntag der Sommermonate der Bücher- und Bouquinistenmarkt ins Kuhviertel. Vor der Diözesanbibliothek bieten Buchhändler und Antiquare aus ganz Nordrhein-Westfalen Karten, Noten, Stiche und manche Rarität zum Verkauf.

3 [B3] **Flohmarkt auf der Promenade,** Schlossplatz, Buslinie 1 (Schlossplatz), Buslinie 5, 6 (Haltestelle Überwasserstraße), Buslinie 11, 12, 13 und 22 (Haltestelle Landgericht), www.flohmarkt-muenster.de, geöffnet: Mai–September an jedem 3. Samstag des Monats 8–16 Uhr. Wenn der große Flohmarkt auf der Promenade vor dem Schloss stattfindet, darf gefeilscht und gehandelt werden. Schnäppchenjäger und Raritätensammler kommen gleichermaßen auf ihre Kosten. Doch hier gilt: Der frühe Vogel fängt den Wurm.

› **Markt am Dom,** Domplatz ❷, Buslinie 1, 2, 10, 11, 12, 13, 14, 22 (Haltestelle Domplatz), www.wochenmarkt-muenster.de, geöffnet: Mi, Sa 7–14.30 Uhr. Mittwochs und samstags herrscht auf dem Domplatz buntes Treiben, denn dann findet der Markt statt und der Platz wird zum schönsten Ort in Münster. Über 150 Stände bieten ihre Waren feil: Gemüse und Obst, Fleisch und Fisch, kulinarische Spezialitäten, Blumen und Kunsthandwerk. Um den Marktbummel nach einem Einkauf unbeschwert fortsetzen zu können, kann man seine Einkaufstaschen im sogenannten Taschenwagen bis 16 Uhr kostenlos aufbewahren lassen. Preiswert und gut isst man an den Imbissständen auf dem Markt zu Mittag. Mehrere Stände mit teilweise überdachten Sitzmöglichkeiten laden zudem zum Kaffeegenuss ein.

Buchläden

4 [D3] **Ellens Bücher,** Spiegelturm 2, Tel. 57441, www.ellens-buecher.de, geöffnet: Mo 14–19 Uhr, Di–Fr 9.30–19 Uhr, Sa 9.30–18 Uhr. Die Buchhandlung mit dem kleinen, aber sorgfältig ausgewählten Sortiment lädt zum Stöbern und Schmökern ein, denn hier gibt es Überraschungen der Literatur jenseits der großen Bestsellerlisten zu entdecken.

5 [D3] **Medium Buchmarkt,** Rosenstraße 5–6, Tel. 46000, www.medium-books.de, geöffnet: Mo–Fr 10–19 Uhr, Sa 10–18 Uhr. Zwischen Überwasser- und Oberservantenkirche bietet das moderne Antiquariat „Medium" preisreduzierte Bücher und Sonderauflagen. Vor allem in den Themenbereich Kunst, Fotografie und Musik gibt es eine große Auswahl. Auch die Bücher des Verlages Zweitausendeins sind hier erhältlich.

6 [D4] **Rosta Buchladen,** Aegidiistr. 12, Tel. 44926, www.rosta-online.de, geöffnet: Mo–Fr 10–18.30 Uhr, Sa 10–15.30 Uhr. Der kleine Buchladen verfügt über eine sorgfältige Auswahl alternativer, gesellschaftskritischer Literatur.

7 [E3] **Schatzinsel,** Neubrückenstraße 72, Tel. 4844880, www.buchhandlung-schatzinsel.de, geöffnet: Mo–Fr 10–

18.30 Uhr, Sa 10–18 Uhr. Die Schatzinsel hat sich auf Kinderbücher spezialisiert und bietet für junge und jung gebliebene Leser alles, was das Herz und Hirn begehren.

8 [E4] **Thalia,** Salzstraße 56, Tel. 418600/490140, www.thalia.de, geöffnet: Mo–Sa 9–20 Uhr. Das Buchhandelsunternehmen Thalia betreibt in Münster zwei Filialen, eine in der Salzstraße („Poertgen-Herder – Haus der Bücher") und eine in den Münster Arkaden (Ludgeristraße 100). Großes, auf das breite Publikum abgestimmtes Angebot.

Einrichtung

9 [D3] **Herlitzius,** Bogenstraße 8, Tel. 56046, www.carlherlitzius.de, geöffnet: Mo–Fr 9.30–19 Uhr, Sa 9.30–16 Uhr. Herlitzius ist *die* Messerschmiede in Münster. Nur 33 m² ist das Geschäft groß, und doch werden hier über 10.000 Messer und fast ebenso viele weitere Küchenhelfer präsentiert.

10 [E3] **Kösters,** Prinzipalmarkt 45–46, Tel. 414230, www.koesters-online.com, geöffnet: Mo–Fr 10–19 Uhr, Sa 10–18 Uhr. Das „Haus für Wohnkultur" bietet alles, was man für die gepflegte Wohnkultur braucht: Porzellan, Glas, Accessoires, Einrichtungsgegenstände, Küchenhelfer und vieles mehr.

Feinkost

11 [D5] **Aux Chocolats,** Königsstraße 46, Tel. 48820800, www.aux-chocolats.de, geöffnet: Mo 14–19 Uhr, Di–Sa 10–19 Uhr. In dem kleinen, aber feinen Laden an der Königsstraße werden Schokoladen französischer Chocolatiers verkauft.

12 [D3] **Butterhandlung Holstein,** Bogenstraße 10, www.butterhandlung-holstein.de, Tel. 44944, geöffnet: Mo 15–19 Uhr, Di–Fr 10–19 Uhr, Sa 9–17 Uhr. Über 18 Meter lang ist die Delikatessentheke der Butterhandlung Holstein. Seit den 1920er-Jahren werden hier erlesene Feinkost und ausgefallene Delikatessen verkauft. In der kleinen Seitengasse Am Horsteberg befindet sich Holstein's Bistro (s. S. 27).

13 [E7] **Marmeladenmanufaktur,** Blücherstraße 16, Buslinie 5 (Haltestelle Augustastraße), Tel. 3226075, www.die-marmeladenmanufaktur.de, geöffnet: Di–Fr 10–18 Uhr, Sa 10–13 Uhr. Marmeladen für Genießer und Feinschmecker bietet die Marmeladenmanufaktur. Aus feinsten regionalen Zutaten werden ausgefallene Brotaufstriche, Sirupe und Fruchtsoßen hergestellt und im Geschäft zum Verkauf angeboten. Hier gibt es einfallsreiche Kreationen, die man im Supermarkt nicht finden (und vermutlich auch gar nicht erst suchen) würde: Aceto-Balsamico-Gelee, Saure-Kirsche-Marmelade mit Espresso oder Kürbis-Kokos-Marmelade mit Orange.

008ms Abb.: cg

Die Salzstraße 8 gehört zu den wichtigsten Einkaufsstraßen der Stadt

14 [E4] **Moccahaus Münster,** Rothenburg 53, Tel. 46094, www.moccahaus.de, geöffnet: Mo–Fr 9.30–18.30 Uhr, Sa 9.30–18 Uhr. Seit 1952 wird im Moccahaus Kaffee geröstet. Im Geschäft gegenüber dem Stadthausturm werden eine Vielfalt erlesener Kaffee- und Teespezialitäten, aber auch die handgeschöpften Schokoladen des Hauses verkauft.

15 [E5] **Weinspezialist T.F. Hassenkamp,** Ludgeristraße 58/59, Tel. 43843, www.hassenkamp.de, geöffnet: Mo–Fr 10–13 u. 14.30–18.30 Uhr, Sa 10–16 Uhr. Seit fünf Generationen bietet der Weinspezialist alles, was das Herz des Weinliebhabers begehrt – erlesene Weine aus Europa, Kalifornien und Südafrika, Sekt und feinste Spirituosen.

16 [bf] **Zedler's Genuss Company,** Dorpatweg 6–8, Buslinie 6, 15 (Haltestelle Germania Campus), Tel. 1627493, www.tabak-zedler.de, geöffnet: Mo–Fr 8–19 Uhr, Sa 8–18 Uhr. Auf den ersten Blick ein recht gewöhnlicher Tabakladen, doch sobald man das Geschäft am Germania Campus betritt, präsentiert sich eine vorzügliche Auswahl an Single Malt Whiskys und anderen Spirituosen aus aller Welt. Dazu gibt es eine große Auswahl an Pfeifentabak, Zigarillos, Zigarren und schließlich finden sich in Zedler's Genuss Company auch einige exklusive Brotaufstrichsorten.

Kinder

› **Königskinder und Rebellen,** Alter Fischmarkt 12, Tel. 9795950, www.koenigskinderundrebellen.de, geöffnet: Mo–Sa 9.30–19 Uhr. Kleidung für Kinder, Kinderwagen, Babysitze und all die Dinge, die es braucht, wenn Kinder im Haus sind, findet man hier über dem Kinderkaufhaus Mukk.

17 [E3] **Mukk – Das Kinderkaufhaus,** Alter Fischmarkt 12, Tel. 97959519, www.mukk.de, geöffnet: Mo–Sa 9.30–19 Uhr. Im Erdgeschoss des erst 2012 fertiggestellten Quartiers „Alter Fischmarkt" ist das Kinderkaufhaus Mukk eingezogen. Auf über 3000 m² Fläche ist es eines der größten Geschäfte dieser Art in Deutschland. Für Kinder ein Paradies – und auch mancher Erwachsener soll schon in dieser Spielewelt „versunken" sein.

Mode und Schmuck

18 [D4] **Creole Schmuck,** Rothenburg 33, Tel. 45303, www.creole-schmuck.de, geöffnet: Mo–Fr 10–19 Uhr, Sa 10–18 Uhr. Creole – das steht in Münster für modernen Modeschmuck. Im angeschlossenen Studio werden Piercing gestochen.

19 [F4] **formlos,** Klosterstraße 1, Tel. 54806, www.formlos-schmuck.de, geöffnet: Mo–Fr 10–19 Uhr, Sa 10–18 Uhr. Das kleine Geschäft bietet handgefertigten Schmuck aus Silber, Edelstahl, Glas, Holz, Metall und Edelsteinen sowie ausgefallene Accessoires.

20 [F4] **Hutmoden Schmedes,** Salzstraße 36, Tel. 43297, www.hutmoden-schmedes.de, geöffnet: Mo–Fr 10–18.30 Uhr, Sa 10–16 Uhr. Seit 1881 fertigt Schmedes elegante Hüte für den Mann und die Frau und bietet in der Salzstraße ein feines Sortiment zum Verkauf an. Schmedes bildet aus und trägt damit dazu bei, dass der Hutmacherberuf auch in Zukunft fortlebt.

21 [E5] **Kaufrausch,** Verspoel 3, Tel. 4841970, geöffnet: Mo–Fr 11–19 Uhr, Sa 11–18 Uhr. In diesem Secondhandgeschäft ist der Name Programm. Einfallsreiche Mode für Junge und Junggebliebene zu fairen Preisen.

22 [E4] **Lui,** Rothenburg 51, Tel. 518342, www.luimuenster.de, geöffnet: Mo–Fr 10–19 Uhr, Sa 10–

18 Uhr. Feine italienische Mode für den Mann bieten Vito Signorello und Joey Yilmaz seit 25 Jahren unter dem Namen Lui. Die exklusiven Kollektionen umfassen Anzüge und Kombinationen, Schuhe und Oberhemden.

23 [D4] **Malefiz,** Rothenburg 45, Tel. 44112, www.malefiz-shop.de, geöffnet: Mo-Fr 10-19 Uhr, Sa 10-18 Uhr. Bei Malefiz ist individuelle und kreative Mode von über dreißig jungen Labels zu finden. Daneben bietet das Geschäft eine große Auswahl ausgefallener Schuhe - darunter Outdoor-, Reitsport- und modische Schuhe vom hauseigenen Label HoBo.

24 [E4] **Petzold,** Prinzipalmarkt 5, Tel. 417070, www.petzhold.de, geöffnet: Mo-Sa 9.30-19 Uhr. Das traditionsreiche Modehaus am Prinzipalmarkt hat sich nach dem Umbau 2009 ein modernes Ambiente geschaffen - mit einer großen Auswahl an Herren- und Damenmode, Wäsche und mehr.

25 [D5] **Titus Rollsport,** Königsstraße 32-33, Tel. 144990, www.titus.de, geöffnet: Mo-Sa 10-19 Uhr. Ein Eldorado für Jugendliche und Junggebliebene ist das Kaufhaus Titus. Gegründet vom Münsteraner Titus Dittmann, der in den 1980er-Jahren das Skateboard in Deutschland populär machte, ist das Kaufhaus an der Königsstraße Zentrale der Dittmann 'schen Skateboardwelt.

26 [E4] **Zumnorde,** Prinzipalmarkt 34, Tel. 20290, www.zumnorde.de, geöffnet: Mo-Fr 10-19 Uhr, Sa 9.30-19 Uhr. Im größten Schuhhaus von Münster gibt es nicht nur eine große Auswahl an Schuhen, für Kinder führt seit Jahrzehnten eine Holzrutsche vom Erdgeschoss in den Keller. Schon so manche Eltern, die heute bei Zumnorde die Schuhe für sich und ihre Kinder kaufen, sind in jungen Jahren selbst auf dieser Rutsche hinabgesaust.

Musik

27 [E5] **andrä. der CD-Markt,** Verspoel 21, Tel. 4829010, www.cd-andrä.de, geöffnet: Mo-Sa 10-20 Uhr. Musik auch jenseits der Top 10 bietet der CD-Markt andrä. Eine sorgfältige Auswahl an aktuellen Tonträgern wird von Klassikern, Raritäten und Schnäppchen zu günstigen Preisen ergänzt.

28 [E3] **Jörgs CD-Forum,** Alter Steinweg 4-5, Tel. 58889, www.cd-forum.com, geöffnet: Mo-Fr 10-20 Uhr, Sa 10-18 Uhr. Ein wenig versteckt hinter der Lambertikirche führt eine Treppe hinab in die Welt der Musik. Hier ist für jeden Musikgeschmack etwas zu finden und die Mitarbeiter helfen gerne und kompetent - auch bei ausgefallenen Wünschen.

29 [C6] **Poptanke,** Weseler Str. 47, Tel. 5395360, www.poptanke.de, geöffnet: Mo-Fr 10-18.30 Uhr, Sa 10-16 Uhr. Anders als der Name vermuten lässt, kann man sich in der Poptanke nicht nur mit Popmusik versorgen - auch andere Musikrichtungen sind vertreten: vom Rock über Indie, NDW, Reggae, Hip-Hop, Jazz, Metal, Blues und Country bis hin zum Chanson. DVDs mit Filmen und Serien sowie eine Auswahl an Büchern runden das Angebot ab.

Souvenirs und Mitbringsel

30 [D4] **Jippieh,** Aegidiistr. 61, Tel. 9816275, www.jippieh-design.de, geöffnet: Mo-Fr 11-18 Uhr, Sa 11-17 Uhr. Hier verkaufen junge Designer aus Münster ihre Produkte, die oft nur in kleinen Stückzahlen hergestellt werden. Sie können Aufsteller, Kleiderpuppen, Wandflächen mieten, um ihre Produkte zu verkaufen. Und so bietet das kleine Geschäft einen bunten, abwechslungsreichen Mix aus Mode und Kunst, Accessoires und Schmuck, Postkarten und Büchern.

31 [D4] **Kontor Schreibtischkultur,** Rothenburg 31, Tel. 4844993, www.kontor-schreibtischkultur.de, geöffnet: Mo–Sa 10–19 Uhr. Das liebevoll geführte Geschäft bietet alles, was die Arbeit am Schreibtisch zu einem Vergnügen macht. Hochwertige Schreibgeräte, exquisites Papier und mehr.

32 [E4] **Kuhlmann Kerzen- und Kunsthandlung,** Salzstraße 11–13, Tel. 43437, www.kuhlmann-muenster.de, geöffnet: Mo–Fr 9.30–18.30 Uhr, Sa 10–18 Uhr (im Dezember Mo–Sa 9.30–20 Uhr). 1887 eröffnete Philipp Kuhlmann, seines Zeichens Küster der Lambertikirche, in der Salzstraße ein Geschäft für Kerzen, religiöses Kunsthandwerk und Devotionalien. Heute bietet das Geschäft ein umfangreiches Angebot. In der Weihnachtszeit ist eine Krippenausstellung mit über 100 Exponaten zu sehen.

33 [E4] **Münster Souvenirs,** Heinrich-Brüning-Str. 7, Tel. 9816003, www.muenster-souvenirs.de, geöffnet: Mo–Sa 9.30–19 Uhr. Vom Frühstücksbrett bis zum Flickzeug für den Fahrradschlauch – Münster Souvenirs präsentiert eine breite Auswahl an Mitbringseln für die Daheimgebliebenen. Die gute Auswahl an Literatur aus und über Münster rundet das Angebot ab.

34 [F4] **Papiertiger,** Klosterstraße 1, Tel. 518922, geöffnet: Mo–Fr 10–19 Uhr, Sa 10–18 Uhr. Schönes Papier, stilvolle Schreibgeräte und alles, was rund um den Schreibtisch nicht fehlen darf, bietet das kleine Geschäft im Schatten der Servatiikirche.

Gastro- und Nightlife-Areale

Bläulich hervorgehobene Bereiche in den Karten kennzeichnen Gebiete mit einem dichten Angebot an Restaurants, Bars, Klubs, Discos etc.

Münster für Genießer

Die **westfälische Küche** ist deftig, aber keinesfalls einfallslos. In vielen Münsteraner Gaststätten werden die traditionellen Gerichte der Region immer wieder neu interpretiert und erfreuen sich großer Beliebtheit. Neben den Gaststätten mit traditioneller Küche kann man in Münster natürlich auch viele Restaurants mit **modernen** und **internationalen Gerichten** finden. Nie ist die nächste Pizzeria weit entfernt und es gibt zahlreiche lateinamerikanische, südeuropäische und asiatische Gaststätten.

Hervorhebenswerte Restaurants

Traditionelle Küche

35 [F4] **Altes Gasthaus Leve** €€€, Alter Steinweg 37, www.gasthaus-leve.de, Tel. 45595, geöffnet: tägl. 12–24 Uhr. Das Alte Gasthaus Leve ist das älteste Restaurant in Münster und besteht seit 1607. Ein Besuch lohnt sich nicht nur wegen der gepflegten westfälischen Hausmannskost, die hier serviert wird. Die liebevoll eingerichteten Räumlichkeiten mit kunstvollen Kacheln, Gemälden und alten Haushaltsgeräten ermöglichen zugleich eine Zeitreise in vergangene Jahrhunderte.

36 [D3] **Deckenbrocks Kleiner Kiepenkerl** €€€, Spiekerhof 47, Tel. 43416, www.kleiner-kiepenkerl.de, geöffnet: Di–So 10.30–24 Uhr. Traditionelle westfälische Gerichte werden im Kleinen Kiepenkerl modern und mit internationalem Touch zubereitet. Urige Einrichtung, bei gutem Wetter Außengastronomie unter dem Kiepenkerl-Denkmal.

37 [E4] **Feldmann Hotel & Restaurant** €€€, An der Clemenskirche 14, Tel. 414490, www.hotel-feldmann.de, geöffnet: Mo–Sa 12–14.15 Uhr u. 18–21.15 Uhr, an Feiertagen geschlossen. Feld-

mann bietet in gediegenem Ambiente neben der Clemenskirche gehobene Küche, die westfälische Bodenständigkeit mit internationaler Experimentierfreude verbindet.

38 [D3] **Fischbrathalle** €€, Schlaunstraße 8, www.fischbrathalle-muenster.de, Tel. 43152, geöffnet: Di–Fr 11–15 Uhr, Sa 11–14.30 Uhr, an Feiertagen geschlossen (Ausnahme: Karfreitag). Seit 1926 werden in der hanseatisch nüchternen Fischbrathalle um die Mittagszeit Fischgerichte serviert – gebacken, gebraten und gekocht. Wechselnde Tageskarten und saisonale Spezialitäten runden das Angebot ab.

39 [D3] **Großer Kiepenkerl** €€€, Spiekerhof 45, www.grosser-kiepenkerl.de, Tel. 40335, geöffnet: tägl. 12–22 Uhr. Westfälische Hausmannskost im Traditionsrestaurant. Das Kiepenkerl-Heimatbier (herb, dunkel, Weizen oder als Bowle) wird exklusiv für dieses Restaurant gebraut. Im Sommer sitzt man draußen unter dem Kiepenkerl-Denkmal.

40 **Landgasthof Pleister Mühle** €€, Pleistermühlenweg 196, Tel. 136760, www.pleistermuehle.de, geöffnet: tägl., Mo–Sa 11–21 Uhr, So 9–21 Uhr, Nov.–März Mi und Do geschlossen. Am schönen Ufer der Werse gelegen, lockt der Landgasthof Pleister Mühle mit leichter, abwechslungsreicher Küche, für die größtenteils Produkte aus der Region verwendet werden. Montag ist Reibekuchentag. Am Gasthof gibt es eine Kanustation und eine Minigolfanlage.

41 [C2] **Pinkus Müller** €€, Kreuzstraße 4–10, Tel. 45151, http://pinkus.de, geöffnet: Mo–Sa 12–24 Uhr (Küchenschluss 23 Uhr), an Feiertagen geschlossen. Früher gab es einmal 150 Altbierbrauereien in Münster, heute ist Pinkus Müller der einzige Betrieb, der diese Tradition aufrechterhält. Seit 1816 wird hier obergäriges Bier gebraut. Überregional bekannt wurde es, weil ausschließlich Zutaten aus biologischem Anbau verwendet werden. Zum Bier werden traditionelle Gerichte serviert.

Preiskategorien

Die Preiskategorien beziehen sich auf den Preis für ein Hauptgericht ohne Getränke.

€	bis 7,50 €
€€	7,50–15 €
€€€	15–25 €
€€€€	ab 25 €

009ms Abb.: cg

Rund um das Kiepenkerl-Denkmal (s. S. 96) befinden sich viele Gaststätten

42 [E4] **Stuhlmacher** €€€, Prinzipalmarkt 6/7, Tel. 44877, www.gasthaus-stuhlmacher.de, geöffnet: Mo–Sa 10–24 Uhr, So 11–24 Uhr. Traditionslokal, seit über 120 Jahren am Prinzipalmarkt. Wer etwas auf sich hält, lässt sich hier sehen – am besten an den Tischen, die im Sommer mitten auf dem Prinzipalmarkt stehen. Großes Angebot an hausgemachten westfälischen Spezialitäten.

Westfälische Spezialitäten

- **Töttchen:** Heute wird dieser westfälische Klassiker meist aus Zunge, Schulter und Brust hergestellt, indem das Fleisch mit Essig und Zwiebeln zu einem süß-sauren Ragout verkocht wird. Vor der BSE-Seuche wurden indes hauptsächlich Lunge, Herz und Niere verwendet.
- **Krüstchen:** Wer Krüstchen bestellt, erhält ein Schnitzel auf Toast mit Spiegelei.
- **Leberbrot und Wurstebrot:** In Scheiben geschnittene und gebratene Würste aus Leber, Blut und Getreide werden oft mit Apfelmus, Zwiebeln und Brot serviert.
- **Pfefferpotthast:** Hast ist Rindfleisch. Es wird im „Pott" mit Zwiebeln so lange geköchelt, bis es in seine Fasern zerfällt. Deftig mit Pfeffer gewürzt entsteht schließlich dieses westfälische Gericht.
- **Grünkohl mit Mettendchen:** Am Erbdrostenhof ist dieses Gericht in einer Verzierung unter dem Balkon auf der rechten Seite verewigt. In Westfalen wird Grünkohl mit Mettendchen (Mettwurst) serviert.
- **Altbier und Altbierbowle:** Das traditionelle Bier in Münster ist Altbier. Heute braut in der Stadt nur noch Pinkus Müller (s. S. 23) dieses Getränk. Die Münsteraner trinken ihr Altbier auch gern als Bowle mit Erdbeeren, Pfirsich oder Ananas.

Moderne Küche

43 [B5] **A2 am See** €€€, Annette-Allee 3, Tel. 2846840, www.a2amsee.de, geöffnet: tägl. ab 11.30 Uhr. Im Restaurant, im Bistro und in der Skybar mit herrlichem Blick auf den Aasee präsentiert das A2 moderne deutsche Küche. Samstags, sonntags und an Feiertagen steht ein großes Frühstücksbuffet bereit, am Abend werden neben einer großen Weinauswahl auch Cocktails serviert.

45 [F5] **Gourmet 1895** €€€€, Bahnhofstraße 14, Tel. 4178700, www.gourmet1895.de, geöffnet: Di–Sa 18–22 Uhr. Das Team um André Skupin im Hotel Kaiserhof bietet kulinarische Hochkultur. Seit 2012 führt das Restaurant einen Michelin-Stern und ist damit das einzige Restaurant in Münster, das sich mit dieser Auszeichnung schmücken darf. Um eine Reservierung mindestens 48 Stunden im Voraus wird gebeten.

46 [E4] **Klemens im Stadthaus 1** €€, Klemensstraße 10, Tel. 9829474, www.klemens-muenster.de, geöffnet: Mo–Do 9–22.30 Uhr, Fr 9–23 Uhr, Sa

Erst vor wenigen Jahren wurden die Aaseeterrassen mit Restaurant und Bootsstegen völlig neu gestaltet

8.30–23 Uhr, So 10–18 Uhr. Flammkuchen, Pasta, Wiener Schnitzel, aber auch westfälische Küche – das moderne Restaurant Klemens im Stadthaus 1 hat ein vielfältiges Speiseangebot. Sehenswert ist die Fotowand mit vielen Münstermotiven. In lauen Sommernächten lockt die große Terrasse an der Klemensstraße.

47 [E4] **Pfefferkorn** €€€, Prinzipalmarkt 8–10, Tel. 4140077, http://muenster.pfefferkorn-restaurants.de, geöffnet: Mo–Sa 11–24 Uhr, So 11–23 Uhr. Eine Wendeltreppe führt in den Ratskeller. Dort serviert das Restaurant Pfefferkorn Steak und Schnitzel, aber auch Fisch und vegetarische Gerichte in ungewöhnlichem Ambiente zwischen Antiquitäten und altem Kunsthandwerk. Im Sommer gibt es eine Außengastronomie auf dem Prinzipalmarkt.

48 [D3] **Rotkehlchen** €€€, Bergstraße 75a, Tel. 14101595, www.rotkehlchen-münster.de, geöffnet: Di–Sa 18–24 Uhr. Das Rotkehlchen bezeichnet sich selbst als „Wohnraum mit Küche & Bar". Dahinter verbirgt sich ein spannendes Konzept. Saisonale und marktfrische Zutaten werden in der offenen Küche zu modernen und kreativen Gerichten verarbeitet. Dazu gibt es eine große Auswahl an Cocktails.

49 [A3] **Schlossgarten – Café, Bar, Restaurant** €€, Schlossgarten 4, Tel. 9879696, geöffnet: Di–Sa 10.30–23 Uhr, So 9.30–20 Uhr. Frühstück, Brunch, der kleine Snack und das ausgiebige Abendessen – das Restaurant im Schlossgarten bietet moderne Küche in gemütlichem Ambiente und herrlicher Lage.

Internationale Küche

50 [H7] **Café Med** €€, Hafenweg 26a, Tel. 6749595, www.facebook.com/CafeMedMuenster, geöffnet: Mo–Do 12–14.30 Uhr und 18–24 Uhr, Fr 12–14.30 und 18–1 Uhr, Sa/So 12–1 Uhr. In der alten Speicherhalle des Hafens hat das Café Med eine italienische Oase geschaffen. Inmitten einer Mischung aus Barock und Hafenflair bietet das Lokal italienische Küche: Fisch, Fleisch und Pizza. Mit Sonnenterrasse am Kanal.

51 [E4] **Crêperie du Ciel** €€, Maria-Euthymia-Platz 7–9, Tel. 4829915, 4829916, www.creperie-muenster.de, geöffnet: Di 12–14 Uhr und 17–21.30 Uhr, Fr bis 22 Uhr, Sa 11–22 Uhr, So 10–18 Uhr, Mo Ruhetag. Ob süße Crêpes oder pikante Galettes – die Crêperie du Ciel holt einen Hauch Frankreich nach Münster. Mit Blick auf die Clemenskirche kann man die überraschend große Vielfalt genießen – auf Wunsch auch glutenfrei. Jeden Sonntagmorgen findet ein Brunch statt, abends werden regelmäßig Konzerte veranstaltet.

52 [E3] **il teatrino – Ristorante – Pizzeria** €€€, Neubrückenstraße 12–14, Tel. 43540, www.il-teatrino.com, geöffnet: tägl. 11.30–14.30 Uhr und 17.30–24 Uhr. Italienische Küche mit hausgemachten Nudeln gegenüber dem Theater. Eine Auswahl an 300 verschiedenen italienischen Weinen garantiert, dass zu jedem Essen das passende Getränk gefunden wird.

53 [C4] **Le Feu** €€, Schlossplatz 48, www.flammkuchen-muenster.de, Tel. 28719348, geöffnet: tägl. ab 17 Uhr, So ab 12 Uhr. Flammkuchen aller Art – ob mit Speck und Zwiebeln, Ananas, Thunfisch oder Früchten: Es bleiben keine Wünsche offen. Für Menschen, die auf Weizen, Laktose und Geschmacksverstärker allergisch reagieren, bietet das Restaurant u. a. Dinkelflammkuchen und laktosefreien Belag an.

54 [H2] **Le Midi** €€€, Bohlweg 37, Tel. 44539, http://lemidi-muenster.de, geöffnet: tägl. 18–1 Uhr. Le Midi – das ist Frankreich in Münster. Auf der Speisekarte locken Gerichte der französischen Küche aus den südlichen Provinzen. Regelmäßig finden Konzert- und Kleinkunstveranstaltungen statt.

55 [E2] **Restaurant America Latina** €€, Neubrückenstraße 50, Tel. 55666, www.restaurantamericalatina.de, geöffnet: Mo–Fr 11–1 Uhr, Sa 12–2 Uhr, So 12–1 Uhr, Biergarten: So–Do 11–23 Uhr, Fr/Sa 11–24 Uhr. Nahe dem Theater serviert das Team im Restaurant America Latina südamerikanische Küche – Nachos, Rindersteaks, Burger, aber auch leichte Salate und vegetarische Gerichte. Im Sommer mit idyllischem Biergarten.

56 [D4] **Restaurant-Café „La Californie"** €€, Picassoplatz 1, Tel. 4902869, www.la-californie.de, geöffnet: Di–Fr 11–18 Uhr, Sa/So/Feiertage 10–18 Uhr. Benannt nach der Villa „La Californie" bei Cannes, in der Picasso lebte und arbeitete, lädt das Restaurant-Café beim Picasso-Museum vor oder nach dem Museumsbesuch zum Frühstück, Mittag- und Abendessen aus saisonalen Produkten ein. Natürlich kann man auch einfach bei Kaffee und Kuchen eine kleine Pause machen.

EXTRATIPP

Lokale mit guter Aussicht

- Mit Aussicht auf den **Aasee:** A2 am See (s. S. 24)
- Mit Aussicht auf **Prinzipalmarkt** und **Lambertikirche:** Stuhlmacher (s. S. 24), Café Kleimann (s. S. 29)
- Mit Aussicht auf die **Clemenskirche:** Crêperie du Ciel (s. S. 26)
- Mit Aussicht auf den **Erbdrostenhof:** Café Konditorei Grotemeyer (s. S. 29)

57 [dg] **Ristorante Villa Medici** €€€€, Ostmarkstraße 15, Tel. 34218, www.villa-medici-muenster.de, geöffnet: Di–Sa ab 18 Uhr, Mi nach Vereinbarung. Mehrfach als eines der besten italienischen Restaurants Deutschlands ausgezeichnet bietet die Villa Medici italienische Küche auf hohem Niveau. Feines, stilvolles Ambiente.

58 [D4] **Vapiano** €€, Königsstraße 51, Tel. 1625193, www.vapiano.de, geöffnet: tägl. 10–1 Uhr (Küche 11–24 Uhr). Vapiano ist ein italienisches Selbstbedienungsrestaurant der etwas anderen Art. Pasta, Pizza und Salate werden vor den Augen der Gäste von den Köchen zubereitet, die die speziellen Wünsche des Gastes berücksichtigen. Abgerechnet wird über eine Chipkarte, bezahlt wird beim Verlassen des Restaurants. Vorher lohnt sich ein Blick auf die gläserne Pasta-Manufaktur, in der die Nudeln des Hauses hergestellt werden.

Imbiss, Bistro

61 [bf] **Currycult am Germania-Campus,** Dorpatweg 4–6, Tel. 2006011, www.currycult.com, geöffnet: tägl. 11.30–21.30 Uhr. Das Currycult am Germania-Campus hat die Art und Weise, Currywurst zu essen, vielleicht nicht neu erfunden, aber doch gründlich revolutioniert. Es gibt nicht nur unterschiedliche Schärfegrade von pikant bis extremscharf, sondern auch verschiedene Varianten der Currywurst. So werden beispielsweise eine griechische Currywurst mit Schafskäse, Oliven und Zatziki oder eine Currywurst mit Chili und Schokoladensoße serviert. Auch für die Pommes frites steht eine große Auswahl unterschiedlicher Soßen bereit.

62 [D3] **Holstein's Bistro,** Am Horsteberg, Tel. 449944, www.butterhandlung-holstein.de, geöffnet: Di–Fr 11.30–19, Sa 11–17 Uhr. Kleine, schnelle

EXTRATIPP

Lecker vegetarisch

59 [F6] **Café/Restaurant Prütt** €, Bremer Straße 32, Tel. 665588, www.pruett-cafe.de, geöffnet: Mo–Fr 12–24 Uhr, Sa/So 10–24 Uhr. Das Café Prütt ist aus der Begegnungsstätte des Vereins Kultur, Begegnung, Ernährung e. V. hervorgegangen. Noch heute werden vegetarische Gerichte, aber auch eine kleine Auswahl veganer Speisen zu niedrigen Preisen angeboten.

60 [D2] **Rico Vollwertrestaurant** €, Rosenplatz 7, Tel. 45979, geöffnet: Mo–Sa 11.30–16 Uhr.
Im Rico isst man vegetarisch oder vegan. Mehrere preiswerte Gerichte, Salate und eine große Anzahl verschiedener Fruchtsäfte stehen zur Auswahl.

Dinner for one

Wer alleine unterwegs ist, muss das in der Studentenstadt Münster nicht lange bleiben. Im **Marktcafé** (s. S. 29), im **Teilchen & Beschleuniger** (s. S. 30) oder in der **Pension Schmidt** (s. S. 30) kann man nette Leute treffen.

Ruhe findet man hingegen im **Café Kleimann** (s. S. 29) und in der **Café Konditorei Grotemeyer** (s. S. 29).

Für den späten Hunger

Wer in Münster nachts etwas zu essen sucht, wird in einigen Imbiss- und Dönerbuden rund um den Bahnhof fündig. Ansonsten haben nur wenige Gaststätten bis nach Mitternacht geöffnet.

- **Marktcafé** (s. S. 29)
- **Café Med** (s. S. 26)
- **Cavete** (s. S. 31)
- **Das blaue Haus** (s. S. 32)

Gerichte aus der Feinkostküche der Butterhandlung Holstein. Dazu gibt es frische Säfte und erlesene Weine des Hauses. Für den eiligen, aber anspruchsvollen Genießer.

63 [E3] **Il Panino,** Salzstraße 61, Tel. 3278080, geöffnet: Mo–Sa 10–21 Uhr, So/Feiertage 10–18 Uhr. Ein bisschen ist es wie in Italien. Im Winter sitzt man im kleinen gemütlichen Bistro, im Sommer gibt es auch Tische auf dem Lambertikirchplatz. Für den kleinen Hunger gibt es Pizzen, Pasta, Panini und Salate.

Essen in der Mensa

Gutes und preiswertes Mittagessen gibt es in den Mensen des **Studentenwerks Münster.** Man muss kein Student sein, um die Mensen und Bistros, die in der ganzen Stadt verteilt sind, nutzen zu können. Auch wenn Nicht-Studenten einen höheren Preis bezahlen, ist das Mensa-Essen immer noch sehr günstig. Und das Schöne daran: Es schmeckt auch gut. Die Speisepläne werden online unter http://studentenwerk-muenster.de veröffentlicht. Auch die **WWU Campus App** für Smartphones informiert über die Speisepläne und zeigt die genaue Lage der Mensen. Im Bereich der Innenstadt gibt es folgende Adressen:

64 [C4] **Bispinghof,** Bispinghof 9–14, geöffnet: Mo–Fr 7.45–15 Uhr (Speisenausgabe 11–14.30 Uhr)

65 [D4] **Bistro KaBu,** Domplatz 21, geöffnet: Mo–Do 8.30–16 Uhr (Warmspeisenausgabe 11–14.30 Uhr) Fr 8.30–14.30 Uhr (Warmspeisenausgabe 11–14 Uhr), in den Semesterferien eingeschränkte Öffnungszeiten)

66 [C4] **Bistro Oeconomicum,** Universitätsstraße 14–16, geöffnet: Mo–Fr 8–18 Uhr (Warmspeisenausgabe 11–16 Uhr)

67 [B3] **Bistro Schloss,** Schlossplatz 2, geöffnet: Mo–Fr 9.30–14.30 Uhr (Warmspeisenausgabe 11.30–14 Uhr, in den Semesterferien geschlossen)

68 [C6] **Mensa am Aasee,** Bismarckallee 11, geöffnet: Mo–Fr 7–22 Uhr (Speisenausgabe: 11.45–14.30 Uhr, Salattheke/Imbiss: 14.30–17 Uhr, Abendbuffet: 17.30–21.30 Uhr), Sa 11–15 Uhr (Speisenausgabe 12–14.30 Uhr)

Biergärten

69 [D2] **Alter Pulverturm,** Breul 9, Tel. 45830, www.alter-pulverturm.de, geöffnet: tägl. 17–24 Uhr, Jan.–April Di Ruhetag. Die Traditionsgaststätte Alter Pulverturm (seit 1828) betreibt vom Frühling bis zum Spätsommer einen schön gelegenen Biergarten direkt an der Promenade.

70 [F3] **Johann Conrad,** Sonnenstraße 82, Tel. 43514, geöffnet: Mo–Sa ab 13 Uhr, So/Feiertage 13–20 Uhr. Klein und vergleichsweise ruhig ist der Biergarten an der Kneipe Johann Conrad, die meist nur kurz JoCo genannt wird. Den Namen verdankt die Gaststätte dem nahegelegenen Johann-Conrad-Schlaun-Gymnasium, das den Namen des großen Münsteraner Architekten trägt.

71 [C5] **Kruse Baimken,** Am Stadtgraben 52, Tel. 46387, www.kruse-baimken.de, geöffnet: Mo–So 12–1 Uhr. In lauen Sommernächten zieht es Studenten und sonstige Münsteraner seit vielen Jahren ins Kruse Baimken mit seinem schönen Biergarten zwischen Aasee und Promenade.

Cafés

72 [F5] **Alexianer Waschküche,** Bahnhofstraße 6, Tel. 9731027500, www.alexianer-waschkueche.de, geöffnet: Mo–Fr 7–12 Uhr, Sa 9–21 Uhr, So

9.30–21 Uhr. Die Alexianer Waschküche ist Waschsalon, Bistro und Veranstaltungsort in einem. Nachdem man die Wäsche in die Waschmaschinen gefüllt hat, wird man mit Frühstück, Brunch und Mittagstisch aus biologischen und fair gehandelten Produkten bestens versorgt. Kunstausstellungen und Konzerte lassen keine Langeweile aufkommen. Natürlich ist man auch willkommen, wenn man keine Wäsche waschen will. Zur freundlichen und aufgeschlossenen Atmosphäre trägt auch die Tatsache bei, dass die Waschküche ein Integrationsbetrieb ist: Hier arbeiten Menschen mit und ohne Behinderung zusammen.

73 [D5] **Café Arte,** Königsstraße 43, www.cafe-arte-muenster.com, Tel. 48820739, geöffnet: Di–Sa 11–22 Uhr, So 14–18 Uhr. Ausstellungen, Konzerte, Lesungen, Live-Pianomusik, Comedy und mehr verbinden sich im Café Arte aufs Angenehmste mit Kaffeegenuss.

74 [E3] **Café Kleimann,** Prinzipalmarkt 48, Tel. 43064, www.konditorkleimann.de, geöffnet: Mo, Di, Do, Fr 10–19 Uhr, Mi, Sa 9–19 Uhr, an Feiertagen geschlossen. Traditionelles Café mit eigener Konditorei. In drei individuell gestalteten Räumen und auf dem Prinzipalmarkt können die Köstlichkeiten des Hauses in gediegener Atmosphäre genossen werden. In der Weihnachtszeit staunen nicht nur Kinder über das kunstvoll dekorierte Schaufenster.

75 [F4] **Café Konditorei Grotemeyer,** Salzstr. 24, www.grotemeyer.de, Tel. 42477, geöffnet: Mo–Sa 9–19 Uhr, So 10–18.30 Uhr. Traditionscafé seit 1850. Das Café liegt sehr schön am Erbdrostenhof. Die Konditorei des Hauses wartet mit einer großen Auswahl kunstvoller Torten und Pralinen auf, die auch über das Internet vertrieben werden. Das Café ist ein Museum für den Maler Fritz Grotemeyer (1864–1947), dem wohl berühmtesten Sohn der Konditorenfamilie.

76 [B6] **Café Uferlos,** Bismarckallee 11, www.uferlos-muenster.de, Tel. 8379536, geöffnet: Mo–Fr 8.30–24 Uhr, Sa 10–24 Uhr, So/Feiertage 10–19.30 Uhr. Das bei Studenten beliebte Café Uferlos ist schön am Aasee gelegen. Eigentlich kann man es hier den ganzen Tag aushalten. Es gibt Frühstück, Brunch, wechselnde Mittagsgerichte und Abendessen. Und bis tief in die Nacht werden diverse Partys gefeiert. WLAN-Hotspot.

77 [D4] **Marktcafé,** Domplatz 6–7, Tel. 4842300, geöffnet: Mo–Fr 9–1 Uhr, Sa 8–1 Uhr, So/Fe 10–1 Uhr. Direkt am Marktplatz gelegen ist das Marktcafé ein beliebter Treffpunkt. Eine große Kuchenauswahl, Eis, aber auch leichte Gerichte und Flammkuchen stehen auf der Speisekarte. Regelmäßige Sportübertragungen auf Großleinwand. WLAN-Hotspot.

78 [E3] **Milchmädel,** Domgasse 4, Tel. 43064, www.milchmaedel.de, geöffnet: Mo–Sa 8.30–19 Uhr. Im kleinen Ladenlokal in der Domgassenpassage macht das Milchmädel den amerikanischen Kaffeehausketten gehörig Konkurrenz. Kaffee und Tee zum Mitnehmen, süße und herzhafte Leckereien oder einfach ein belegtes Brot für den kleinen Hunger zwischendurch.

79 [E1] **Nachtisch,** Kanalstraße 30, Tel. 13467739, www.nachtisch.ms, geöffnet: Di, Do, Fr, Sa 9.30–19 Uhr, Mi, So 9.30–18 Uhr. Liebhaber des gepflegten Desserts werden das kleine Café lieben, denn hier kann man auch ein 4-Gänge-Menü bestellen, dessen einzelne Gänge aus den in offener Küche zubereiteten Dessertkreationen bestehen.

80 [D4] **Nordcup,** Aegidiimarkt 3, Tel. 14100872, www.nordcup-muenster.de, geöffnet: Mo–Fr 11–19 Uhr, Sa 10–19 Uhr. In der ersten Münsteraner „Cupcake Bakery" wird eine große Fülle unterschiedlicher Cupcakes mit Kaffee und Getränken serviert. Für jeden Geschmack

ist etwas dabei, es gibt die Cupcakes süß oder pikant, vegan und laktosefrei – auch zum Mitnehmen.

81 [F4] **Pension Schmidt,** Alter Steinweg 37, www.facebook.com/schmidt.pension, Tel. 9795705026, geöffnet: tägl. 12–5 Uhr. In der Pension Schmidt gibt es keine Zimmer zum Übernachten, dafür aber jede Menge Kaffee und Kuchen, Weine und Cocktails, Konzerte und Lesungen. In kurzer Zeit wurde die Pension Schmidt so zum beliebten Szenetreff.

82 [G5] **Teilchen & Beschleuniger,** Wolbecker Straße 55, Tel. 39505786, geöffnet: Mo–Sa ab 9 Uhr, So ab 10 Uhr, http://teilchenundbeschleuniger.de. Bei Kaffee und Bagels versinkt man in gemütlichen Sesseln und Sofas, die die Betreiber beim Sperrmüll und auf Flohmärkten entdeckt haben. Bekannt wurde das Szenecafé weit über die Grenzen von Münster hinaus durch Konzerte und Veranstaltungen, in denen Gäste beispielsweise aus ihren Tagebüchern oder Briefwechseln vorlesen.

011ms Abb.: cg

Denkmal für Edith Stein (s. S. 86), die 1932/33 im Kuhviertel wohnte

Münster am Abend

Dass Münster eine **Studentenstadt** ist, macht sich natürlich auch am Nachtleben bemerkbar. Neben zahllosen **Bars, Kneipen** und **Cafés** gibt es gleich eine ganze Reihe von **Diskotheken,** in denen die Nacht zum Tage wird. Besonders voll wird es am Mittwochabend. Wer es indes „ruhiger" mag, findet in Münster am Abend auch ein großes Angebot an **Konzerten, Theateraufführungen** und anderen Veranstaltungen.

› **Informationen** über Veranstaltungen, Termine und Locations geben die kostenlosen Stadtblätter Na dann, Die Wochenschau und Ultimo. Im Internet führen www.studenta.de und www.nadann.de durch das Münsteraner Nachtleben.

Bars, Kneipen, Discos

Kuhviertel

Um die Überwasserkirche 20 bildete sich im 11. und 12. Jahrhundert eine Kaufmannssiedlung und da hier vor allem Viehhandel betrieben wurde, trägt das Viertel noch heute den Namen Kuhviertel. Im 19. und frühen 20. Jahrhundert lebten hier vor allem Handwerker und Kleinbürger, bevor es nach den Zweiten Weltkrieg von den Studenten entdeckt wurde. Bis heute gehört das Areal zu den beliebten Ausgehmeilen der Münsteraner Studierenden. Eine Reihe von Kneipen gibt es in der Kreuzstraße, u. a. die **Cavete** und das **Blaue Haus,** und nur wenige Meter entfernt befinden sich in der Jüdefelderstraße weitere Szenekneipen.

EXTRATIPP

Cavete Münster!

1959 eröffnete in der Kreuzstraße die „Akademische Bieranstalt Cavete Münster!" – bis heute wird die Kneipe nur kurz Cavete genannt. Ein Jahr zuvor hatte der Student **Wilfried Weustenfeld** in der Studentenzeitung Semesterspiegel unter der Überschrift „Cavete Münster!" (Meidet Münster) davor gewarnt, in Münster zu studieren. Münster sei ein „tristes Kaff" und „Spießbürger-Eldorado", schrieb Weustenfeld. Vor allem aber gäbe es keine **Studentenkneipe.**

Der kritische Beitrag schlug hohe Wellen. Bald reisten die Münsteraner Studenten **Lothar Weldert** und **Werner Otto Jedamzik** durch Deutschland und „studierten" in anderen Universitätsstädten, wie eine Studentenkneipe aussehen und betrieben werden könnte – der Rektor der Münsteraner Universität hatte diese Kundschafter der Kneipenkultur mit 300 DM zur Deckung der Reisekosten ausgestattet. Die Germania-Brauerei bot schließlich eine leer stehende Kutscherkneipe als Lokal an.

„Die Nöte der Studenten beschäftigten ganz Münster", erinnerte sich Karin Weldert, die Witwe des Kneipengründers, im Jahre 2001, „alle wollten helfen, alte Omas spendeten Einrichtungsgegenstände, Studenten arbeiteten auf der Baustelle zusammen mit Strafgefangenen und wurden von Damen der Münsteraner Gesellschaft mit Essen versorgt. Professor Klemm, der berühmte Chemiker und Nobelpreisanwärter und damaliger Prorektor der Universität, kletterte sogar auf das Dach, um zu sehen, ob es auch regendicht sei und die Brauerei nicht auf Kosten der Studenten gespart habe."

Endlich hatte Münster eine Studentenkneipe. Das Kuhviertel wurde in den folgenden Jahren zum beliebten Studentenviertel und ist es bis heute geblieben.

87 [D2] **Cavete,** Kreuzstraße 37/38, Tel. 4143516, www.muenster-cavete.de, geöffnet: tägl. ab 18 (warme Küche: So–Do bis 23 Uhr, Fr/Sa bis 24 Uhr). In uriger Atmosphäre werden in Münsters ältester Studentenkneipe kleine Gerichte serviert. Besonders empfehlenswert sind die hausgemachten Nudeln.

012ms Abb.: cg

83 [C2] **Barzillus,** Jüdefelderstraße 41, Tel. 519997, geöffnet: Mo–Sa ab 20 Uhr. Szenekneipe auf kleinem Raum mit einem großen Angebot an Cocktails und anderen alkoholischen Getränken. Meist rappelvoll.

84 [C2] **Das blaue Haus,** Kreuzstraße 16, Tel. 42151, www.blaue-haus-münster.de, geöffnet: tägl. ab 12 Uhr. Neben der Cavete (s. S. 31) gehört das Blaue Haus zu den alten Studentenkneipen in Münster, die nichts von ihrem Charme verloren haben. Noch immer verbringen hier vorzugsweise Studenten bei Altbier und kleinen Gerichten ihre Abende.

85 [C2] **Gorilla Bar,** Jüdefelderstraße 54, Tel. 4882188, www.gorilla-bar.de, geöffnet: Mo–Do 20–2 Uhr, Fr, Sa 20–3 Uhr. Beliebte Bar mit gemischtem Publikum. Regelmäßig finden Livekonzerte und andere Events statt, oft ist es sehr voll und eng.

86 [C2] **Peacock Lounge,** Jüdefelderstraße 36, geöffnet: Mi, Fr, Sa 19–2.30 Uhr, Mo, Di, Do 19–1 Uhr. Cocktailbar mit chilliger Musik.

Hafen und Hawerkamp

Rund um den Hafen und am nahen Hawerkamp hat sich in den letzten Jahren ein lebendiges Szeneviertel mit dem Wolfgang Borchert Theater (s. S. 34), dem Hot Jazz Club (s. S. 33), Gaststätten, Kneipen und Klubs herausgebildet. Aber auch Freunde der modernen Kunst können hier Spannendes erleben. Am Hawerkamp und im alten Speicher II haben nämlich zahlreiche Künstler ihre Ateliers eingerichtet, die mindestens einmal im Jahr für die Öffentlichkeit geöffnet werden. Zudem lockt in einem alten Speicher die Kunsthalle Münster (s. S. 36).

1899 wurde der **Dortmund-Ems-Kanal** eingeweiht und damit erhielt Münster endlich eine Wasserverbindung zur Nordsee. Lange Zeit stellte der Kanal eine wichtige Transportader für die Stadt dar. Heute werden in Münster indes nur noch wenige Güter umgeschlagen, Kultureinrichtungen und Gaststätten haben weite Teile

des ehemaligen **Stadthafens I** erobert. Heute reizt vor allem die Mischung aus **umgebauten Speicherhäusern** und **moderner Architektur**, die als Kulisse für das kreative Leben dient. So ist der Hafen noch immer ein wenig Münsters Tor zur Welt geblieben ...

88 [ci] **Amp**, Hafenstraße 64, Tel. 1365172, www.amp-ms.de. Am alten Güterbahnhof hat sich das Amp eingerichtet und zu einer wichtigen Partylocation der Stadt entwickelt. Musikalisch gibt es vorwiegend Indie, Elektro und Hip-Hop.

89 [H7] **Coconut Beach**, Hafenweg 31, Tel. 481690, www.coconutbeach.de, geöffnet: im Sommer bei gutem Wetter ab 13 Uhr. Open-Air-Partys am Strand – auch das gibt es am Hafen. 400 Tonnen Sand, Palmen, Sonnenliegen und Cocktails sorgen dafür, dass schnell echte Urlaubsstimmung aufkommt.

90 [di] **Fusion Club**, Am Hawerkamp 31, Tel. 481690, www.fusion-club.de. Für Techno-Fans unter 30 Jahren ist der Fusion Club eine angesagte Adresse.

91 [H7] **Heaven**, Hafenweg 31, Tel. 6090585, www.heaven-muenster.de. Unter der Woche ist das Heaven ein Restaurant, am Wochenende aber verwandelt es sich in einen Klub, in dem DJs die beste Musik auflegen: von House und Elektro, über Charts, Hip-Hop und Black Music bis hin zu Soulklängen.

92 [H7] **Hot Jazz Club**, Hafenweg 26b, Tel. 68667908, www.hotjazzclub.de, geöffnet: im Sommer Mo–Sa ab 18 Uhr, So ab 15 Uhr, Küche 19–22 Uhr, im Winter Mo–Sa erst ab 19 Uhr. Der Hot Jazz Club wurde erst im Jahre 2000 am Hafen eröffnet, doch schon jetzt ist er legendär. Nahezu alle Größen der Jazzmusik sind hier bereits aufgetreten. Aber auch Nachwuchskünstler haben die Chance, auf der „Newcomer Stage“ ihr Können zu beweisen.

Wo einst Frachtgut verladen wurde, befindet sich heute ein beliebtes Szeneviertel

013ms Abb.: cg

93 [di] **Sputnikhalle,** Am Hawerkamp 31, Tel. 662062, www.sputnikhalle.de. In der alten Industriehalle wird vor allem die etwas härtere, schnellere und lautere Musik aufgelegt.

Theater

In Münster gibt es mehrere Theater. Neben dem „großen" Stadttheater haben sich kleinere, alternative Projekte etabliert, die die Theaterlandschaft in Münster beleben und bisweilen durcheinander wirbeln.

94 [F5] **GOP Varieté Münster,** Bahnhofstraße 20–22, Tel. 4909090, www.variete.de. Bunte Bühnenshows mit Akrobatik und Comedy erleben Besucher im GOP Varieté in der Bahnhofstraße. Vor den Veranstaltungen bietet das hauseigene Restaurant showbezogene Menüs, die im Varieté-Saal serviert werden.

95 [dg] **Pumpenhaus,** Gartenstraße 123, Kartenreservierung: Tel. 233443, www.pumpenhaus.de. Das Pumpenhaus hat zwar seit 1999 kein eigenes Ensemble mehr, doch mit den wechselnden internationalen Gastspielen freier Theatergruppen, Tanztheater, Jugendtheater und mehr gehört es zu den interessantesten Spielstätten in Münster.

26 [E3] **Theater Münster.** Das städtische Theater wurde lange Zeit unter dem Namen „Städtische Bühnen" geführt und bietet in fünf Sparten ein vielfältiges Programm.

96 [G7] **Wolfgang Borchert Theater,** Hafenweg 6–8, www.wolfgang-borchert-theater.de, Tel. 399070, Kassenzeiten: Mo–Fr 10–13 Uhr und 14–18 Uhr, Abendkasse eine Stunde vor Beginn der Vorstellung. Das Wolfgang Borchert Theater am Hafen ist ein privates Theater mit festem Ensemble, das vor allem durch seine modernen Inszenierungen von klassischen Stücken für Aufsehen sorgt.

Münster für Kunst- und Museumsfreunde

In Münster kommt auch bei schlechtem Wetter keine Langeweile auf. Für nahezu alle Interessen findet sich in der Stadt eine passende **Ausstellung.** Neben den großen Museen sind vor allem auch die kleinen Sammlungen, die jenseits spektakulärer Effekte manchen Reiz bieten, einen genaueren Blick wert. In der **Nacht der Museen und Galerien** Anfang September beteiligen sich viele Museen mit langen Öffnungszeiten, Sonderausstellungen und besonderen Programmen.

Museen

22 [D4] **Archäologisches Museum.** Das Museum präsentiert Kunst und Kunsthandwerk antiker Kulturen ab dem 4. Jahrtausend v. Chr. und hat es sich zur Aufgabe gemacht, einer breiten Öffentlichkeit die neuesten Erkenntnisse archäologischer Forschung zugänglich zu machen.

97 [D4] **Bibelmuseum der Westfälischen Wilhelms-Universität,** Pferdegasse 1, Buslinie 1, 2, 10, 11, 12, 13, 14, 22 (Haltestellen Domplatz und Aegidiimarkt), Tel. 8322580, www.uni-muenster.de/bibelmuseum, geöffnet: Di, Mi, Fr 11–17 Uhr, Do 11–19 Uhr, Sa 11–13 Uhr, an Feiertagen geschlossen, Eintritt:

Museen, die mit einer magentafarbenen Nummer (22) als Hauptsehenswürdigkeit ausgewiesen sind, werden im Kapitel „Münster entdecken" ausführlich beschrieben. Dort finden sich auch alle praktischen Informationen wie Adresse, Öffnungszeiten usw.

frei. Als Teil des Instituts für neutestamentarische Textforschung lässt sich im Bibelmuseum die Geschichte der Heiligen Schrift von den frühesten Handschriften bis zur modernen Ausgabe nachvollziehen. Eine Lutherbibel mit der eigenhändigen Widmung des Reformators ist sicherlich einer der Höhepunkte dieses Museums.

M 98 [A3] **Botanischer Garten der Westfälischen Wilhelms-Universität Münster,** Schlossgarten 3, Buslinie 1 (Haltestelle Schlossplatz), Tel. 8323827, http://garten.uni-muenster.de, geöffnet: täglich, April–September 8–19 Uhr (Gewächshäuser 8–16.45 Uhr), November–März 8–16 Uhr, Eintritt: frei. Seit 1803 dient der Botanische Garten wissenschaftlicher Forschung und Lehre. Für die Öffentlichkeit bietet er zugleich eine Oase der Ruhe und Erholung mitten in der Stadt. Ein Spaziergang durch den Garten und die Gewächshäuser führt nicht nur zur heimischen Pflanzenwelt, sondern auch in tropische und subtropische Klimazonen. Einen außergewöhnlichen sinnlichen Zugang zur Pflanzenwelt bietet der Riech- und Tastgarten.

M 99 [D3] **Domkammer der Kathedralkirche St. Paulus,** Horsteberg 7–9, Buslinie 1, 2, 10, 11, 12, 13, 14, 22 (Haltestelle Domplatz), Tel. 4956710, www.domkammer-muenster.de, geöffnet: Di–So/Feiertage 11–16 Uhr, Eintritt: 3 €/2 €. Die Schatzkammer des Doms schimmert im Glanz von Gold, Silber und Edelsteinen. Das Museum präsentiert feinste sakrale Goldschmiede- und Textilkunst aus Romanik, Gotik und Barock. Im Zentrum der Sammlung steht der umfangreiche Reliquienschatz, der von großer religions- und kulturgeschichtlicher Bedeutung ist.

M 100 [E4] **Euthymia-Zentrum,** Loerstraße, Buslinie 2, 10, 11, 12, 13, 22 (Haltestellen Raphaelsklinik und Klemensstraße), Tel. 26554, www.clemensschwestern.de, geöffnet: Mo–Sa 10–17 Uhr, So/Feiertage 15–17.30 Uhr. Maria Euthymia, geborene Emma Üffing (1914–1955), trat 1934 dem Clemensorden bei und pflegte im Zweiten Weltkrieg schwerkranke Kriegsgefan-

Maria Euthymia

Als Maria Euthymia im Jahre 1955 im Alter von nur 41 Jahren starb, waren sich viele ihrer Mitmenschen sicher, dass eine Heilige gestorben war. Ab 1936 verrichtete die Clemensschwester im Vinzenz-Hospital in Dinslaken ihren Dienst und absolvierte eine Ausbildung zur Krankenschwester. Zunächst arbeitete sie auf der Frauen-, bald auf der Isolierstation. Ab 1943 pflegte Maria Euthymia Kriegsgefangene und Zwangsarbeiter, die in den Augen der Nationalsozialisten und vieler Deutscher in erster Linie Feinde und „Untermenschen" waren. Für Euthymia aber waren sie Menschen, die Hilfe, Pflege und Zuwendung brauchten. Sie versuchte nicht nur, die körperlichen Gebrechen und Krankheiten zu lindern, sondern kümmerte sich auch um das seelische Wohl ihrer Patienten, gab ihnen Zuneigung und ein Gefühl von Geborgenheit. Nach dem Kriegsende wurde Euthymia in der Hospitalwäscherei in Dinslaken eingesetzt und arbeitete von Januar 1948 bis zu ihrem frühen Tod in der Wäscherei der Raphaelsklinik und des Mutterhauses in Münster. Am 7. Oktober 2001 wurde die Clemensschwester seliggesprochen. An ihrem Grab auf dem Münsteraner Zentralfriedhof (s. S. 104) wird sie heute vor allem um Fürsprache bei schweren Krankheiten angerufen.

gene und Zwangsarbeiter. Bis heute wird sie nicht nur von gläubigen Münsteranern verehrt und 2001 wurde sie seliggesprochen. Im Euthymia-Zentrum im Mutterhaus der Clemensschwestern ist dem Leben von Maria Euthymia und der Geschichte des Ordens eine Ausstellung gewidmet, wobei auf gelungene Weise immer wieder Bezüge zur deutschen Geschichte und zur Weltgeschichte hergestellt werden. Der Verehrungsraum mit einem eindrucksvollen Flügelaltar („Sieben Schmerzen Mariens") lädt zur Besinnung ein.

101 [H2] **Geschichtsort Villa ten Hompel,** Kaiser-Wilhelm-Ring 28, Buslinie 2, 10 (Haltestelle Hohenzollernring/Finanzgericht), 7 (Haltestelle Elisabeth-Ney-Straße), Tel. 4927101, www.muenster.de/stadt/villa-ten-hompel, geöffnet: Mi 18–22 Uhr, Do, Fr 12–16 Uhr, So 12–18 Uhr, Eintritt: frei. Einst Fabrikantensitz, dann im Nationalsozialismus Sitz der Ordnungspolizei und schließlich Dezernat für Wiedergutmachung im Nachkriegsdeutschland. Der Ort, an dem sich die Gedenkstätte Villa ten Hompel befindet, blickt auf eine bewegte Geschichte zurück. Heute werden hier zwei moderne, gut durchdachte Dauerausstellungen gezeigt. Die erste Ausstellung beleuchtet die Beteiligung der deutschen Polizei am Zweiten Weltkrieg und am Völkermord, die zweite widmet sich der bürokratischen „Wiedergutmachung" nach 1945. Regelmäßige Sonderausstellungen vertiefen unterschiedliche Aspekte der deutschen Geschichte des 20. Jahrhunderts. Neben den Ausstellungen ist die Villa ten Hompel ein wichtiger Geschichtsort, der mit seinem umfangreichen Veranstaltungsprogramm die Auseinandersetzung mit historischen Themen sucht, wobei stets aktuelle Fragestellungen und die Förderung der Demokratie im Auge behalten werden.

› **Haus der Niederlande,** im Krameramtshaus 14, Buslinie 1, 14 (Haltestelle Prinzipalmarkt), Buslinie 1, 5, 6, 7, 8, 9, 14, 15, 16, 17 (Haltestelle Altstadt/Bült), Tel. 8328513, www.uni-muenster.de/HausDerNiederlande. Münster und die nahen Niederlande sind eng verbunden und das nicht nur, weil 1648 die Geburtsstunde der modernen Niederlande in der Stadt schlug (s. S. 48).
Auf wissenschaftlicher Basis setzt sich das Zentrum für Niederlande-Studien mit Geschichte und Gesellschaft des Nachbarlandes auseinander. Im Haus der Niederlande finden regelmäßig öffentliche Veranstaltungen und Ausstellungen statt, die die Beziehung zwischen Deutschland und den Niederlanden (einschließlich Flanderns) thematisieren.

102 [H7] **Kunsthalle Münster/Speicher II,** Hafenweg 28, Buslinie: 6, 8, 17 (Haltestelle Stadtwerke), Tel. 4924191, www.muenster.de/stadt/kunsthalle, geöffnet (während der Ausstellungen): Di–Fr 14–19 Uhr, Sa/So 12–18 Uhr, Eintritt: frei. Jenseits der etablierten Museen hat sich am Hafen eine junge Kunstszene etabliert. Seit 2004 ist im alten Speicher II eine Drehscheibe für zeitgenössische Kunst entstanden. Auf vier Etagen haben 32 Künstler aus verschiedenen Bereichen der bildenden Kunst ihre Ateliers, in der fünften Etage befindet sich die Kunsthalle Münster, die längst zu den „mutigsten, innovativsten und überzeugendsten Kunsthallen" in Deutschland zählt. Auf 1000 m² Projektfläche präsentieren wechselnde Ausstellungen aktuelle Tendenzen der Kunst, ohne den internationalen Vergleich scheuen zu müssen. Dabei versteht sich die Kunsthalle als Produktionsort und Laboratorium, wo Künstler risikoreich und experimentell arbeiten können. Im Erdgeschoss des Speichers haben zwei Münsteraner Verlage und eine druckgrafische Werkstatt ihren Sitz.

103 Kunsthaus Kannen – Museum für „Outsider Art“ und „Brut Art“, Buslinie 7, R41 (Haltestelle Alexianer), Tel. 02501 96620560, www.kunsthaus-kannen.de, geöffnet: Di–So 13–17 Uhr. Im Alexianer Krankenhaus, einer Fachklinik für Psychiatrie und Psychotherapie, befindet sich das Kunsthaus Kannen. Seit den 1980er-Jahren werden Patienten der Klinik in ihrer kreativen Arbeit und Entwicklung unterstützt. Im Rahmen dieses einzigartigen Projektes entstand eine Sammlung von 5000 Kunstwerken, mit der im In- und Ausland bereits zahlreiche viel beachtete Ausstellungen organisiert wurden. Das Kunsthaus versteht sich als integrative Begegnungsstätte für behinderte und nicht behinderte Künstler. Atelier- und Ausstellungsbetrieb, eine kleine Fachbibliothek und ein Art-Shop mit Bilder-, Postkarten- und Katalogverkauf steht jedem Interessierten offen.

19 [D4] **Kunstmuseum Pablo Picasso.** Das Kunstmuseum verfügt über eine große Sammlung an Werken des spanischen Künstlers Pablo Picasso und seiner Zeitgenossen. In wechselnden Ausstellungen gewährt es neue Einblicke in die moderne Kunstgeschichte.

104 Lepramuseum und Heimatmuseum Kinderhaus, Kinderhaus 15, Buslinie 15 und 16 (Haltestelle Kristiansandstraße), Tel. 211609 (Heimatmuseum Kinderhaus), Tel. 525295 (Lepramuseum) www.muenster.org/lepramuseum und www.heimatmuseum-kinderhaus.de, geöffnet (beide Museen): So 15–18 Uhr (Winter: So 15–17 Uhr), Eintritt: frei. Im Norden der Stadt, im Stadtteil Kinderhaus, befindet sich das einzige Lepramuseum Deutschlands. Die kleine Ausstellung wurde 2013 neu gestaltet und beleuchtet die Geschichte, Verbreitung und Bekämpfung der Seuche von der Antike bis zur Gegenwart. Im gleichen Fachwerkgebäude aus dem 16. und 17. Jahrhundert ist auch das Heimatmuseum Kinderhaus mit seiner alltagsgeschichtlichen Ausstellung untergebracht. Diese Geschichte des Stadtteils ist eng mit der Leprakrankheit verbunden: An der Stelle, wo sich heute das Museum befindet, wurde 1326 ein Leprosenhaus gegründet, in dem die „Aussätzigen“ versorgt wurden. Die „armen Kinder Gottes“ gaben dem Stadtteil Kinderhaus seinen Namen.

105 [D4] **LWL-Landesmuseum für Kunst und Kulturgeschichte,** Domplatz 10, Buslinie 1, 2, 10, 11, 12, 13, 14, 22 (Haltestelle Domplatz), Tel. 590701. Das Landesmuseum für Kunst und Kulturgeschichte am Domplatz ist das zentrale Museum für Bildende Kunst in Westfalen. **Bis zum Herbst 2014** bleibt das Museum jedoch wegen Arbeiten an einem umfangreichen Erweiterungsbau **geschlossen.** Durch die erhebliche Erweiterung wird dann ein inhaltlich geschlossener Rundgang durch die umfangreiche Sammlung möglich sein, die Kunstwerke vom Mittelalter bis zur Moderne umfasst. Über den Baufortschritt informiert die Internetseite www.landesmuseum-muenster.de.

106 [ai] **LWL-Museum für Naturkunde mit Planetarium,** Sentruper Straße 285, Buslinie 14 (Haltestelle Zoo/Naturkundemuseum), Tel. 59105, www.lwl-naturkundemuseum-muenster.de, www.lwl-planetarium-muenster.de, geöffnet: Di–So 9–18 Uhr, Eintritt: Museum: 5,50 €/3 €, Planetarium: 5,50 €/3 €, Museum und Planetarium 9,50 €/5,10 €. Das Naturkundemuseum bietet einen spannenden Einblick in die Natur. Schon vor dem Gebäude grüßen große Dinosaurier, in der Ausstellung sind die Wunder von Fauna und Flora zu entdecken. Die spektakulären Sonderausstellungen entwickelten sich in den letzten Jahren zu Besuchermagneten. Einen weiteren Schwerpunkt bildet die Astronomie. Mitten im Museum befin-

015ms Abb.: cg

det sich das Planetarium, das mit seinen neuen Fulldome-Projektoren zu den modernsten in Europa gehört und mit überaus scharfen Bildern überrascht.

107 [ai] **Mühlenhof – Freilichtmuseum Münster,** Theo-Breider-Weg 1, Buslinie 14 (Haltestelle Mühlenhof), Tel. 981200, http://joomla30.bockwindmuel.de/joomla3, geöffnet: März–Oktober Mo–So 10–18 Uhr, November–Februar Mo–Fr 11–16 Uhr, So 11–16 Uhr, Eintritt: 5 €/3 €, Familien: 13 €. 1961 wurde eine alte Bockwindmühle aus dem Emsland auf der Sentruper Höhe nahe der Altstadt von Münster wiedererrichtet. Damit war der Anfang für das Freilichtmuseum gemacht, das bis heute vom Verein De Bockwindmüel e. V. getragen wird. In den folgenden Jahren kamen Bauernhöfe, Scheunen und eine alte Schule hinzu. Rund 30 Gebäude wurden zum Mühlenhof versetzt, wo sie Einblick in das ländliche Leben Westfalens in den vergangenen Jahrhunderten erlauben. Ein Café lädt zur Pause ein, der Dorfladen verkauft westfälische Spezialitäten.

Giganten der Urzeit vor dem Naturkundemuseum (s. S. 37)

108 [E5] **Museum für Lackkunst,** Windthorststraße 26, Buslinie 2, 10, 11, 22 (Haltestelle Engelenschanze), www.museum-fuer-lackkunst.de, Tel. 418510, geöffnet: Di 12–20 Uhr, Mi–So 12–18 Uhr, Eintritt: 3 €/2 €. Lackkunst aus Europa, Asien und der islamischen Welt präsentiert das Museum für Lackkunst in der ehemaligen Gerling-Villa in der Nähe des Bahnhofs. Die Sammlung und regelmäßig stattfindende Sonderausstellungen ermöglichen einen etwas anderen Blick auf über 2000 Jahre Kunstgeschichte. Träger des Museums ist die BASF Coatings AG, ein international agierender Lackhersteller mit Hauptsitz in Münster.

109 [F4] **Stadtmuseum,** Salzstraße 28, 11 und 22 (Haltestelle Servatiiplatz), Tel. 4924503, www.muenster.de/stadt/museum, geöffnet: Di–Fr 10–18 Uhr, Sa, So/Feiertage 11–18 Uhr, Eintritt: frei. 1200 Jahre Stadtgeschichte werden im Stadtmuseum lebendig – von den ersten Siedlungen bis zur Nachkriegszeit. Besonders sehenswert sind die regelmäßig stattfindenden Fotoausstellungen, die das Werden der Stadt in den letzten Jahrzehnten, aber auch den Wandel der Alltagswelt dokumentieren.

› **Westfälisches Pferdemuseum im Allwetterzoo Münster** 36. Das Glück der Erde liegt auf dem Rücken der Pferde. Das Museum widmet sich der Natur- und Kulturgeschichte des Pferdes. Zudem gibt es Pferdeshows und andere Veranstaltungen. Ein Besuch des Museums ist nur in Kombination mit einer Zoovisite möglich.

Kunstgalerien

In Münster gibt es zahlreiche Galerien, die sich vorwiegend der **modernen Kunst** in ihren unterschiedlichen Ausprägungen widmen. Während der

EXTRATIPP

Galeriehaus H18

Zwei Galerien mit moderner Kunst befinden sich seit 2010 im Galeriehaus H18 an der Hüfferstraße südlich des Schlossgartens.

> **Infos zum Galeriehaus:** www.h-18.com

115 [A4] **dst.galerie,** Hüfferstraße 18, Tel. 1496983, www.dst-galerie.de, geöffnet: Di–Sa 11–18 Uhr

116 [A4] **FB69 Galerie Kolja Steinrötter,** Hüfferstraße 18, Tel. 2607899, 2607899, geöffnet: Di–Sa 11–18 Uhr

Nacht der Museen und Galerien Anfang September sind viele Galerien bis in die Nacht geöffnet.

110 [E3] **Galerie Clasing,** Prinzipalmarkt 37, Tel. 44165, www.galerie-clasing.de, geöffnet: Di–Fr 10–18 Uhr, Sa 10–13 Uhr. Die Galerie Clasing ist eine der ältesten in Münster. Seit 1935 widmet sie sich modernen Kunstrichtungen.

111 [D3] **Galerie Michael Nolte,** Spiekerhof 31, Tel. 44809, www.galerie-nolte.de, geöffnet: Mo–Sa 11–18 Uhr. Die Galerie von Michael Nolte zeigt in wechselnden Ausstellungen Künstler der klassischen Moderne und der internationalen Gegenwartskunst.

112 [D3] **Galerie Nettels,** Spiegelturm 3, Tel. 46293, www.nettels.de, geöffnet: Mo–Fr 10–18.30 Uhr, Sa 10–16 Uhr. Die Galerie Nettels verkauft eine große Auswahl aktueller Kunst.

113 [E4] **Galerie Ostendorff,** Prinzipalmarkt 11, Tel. 57404, www.ostendorff.de, geöffnet: Mo–Fr 9.30–13 Uhr und 14–18.30 Uhr, Sa 10–18 Uhr. Eine Reihe hervorragender Künstler der Moderne sind in der Galerie Ostendorff am Prinzipalmarkt zu entdecken.

014ms Abb.: Presseamt Münster, Angelika Klause

114 [C3] **Goeken Kunst + Design,** Rosenplatz 10, Tel. 42433, www.goekenart.com, geöffnet: Di–Fr 10.30–13 Uhr und 14.30–18.30 Uhr, Sa 10.30–16 Uhr. Mitten im Kuhviertel verkauft Goeken Kunst- und Design-Originale, Skulpturen, Grafiken, Künstlerplakate, Fotografien, Museumsrepliken, Keramik und Designobjekte.

In einem alten Kaufhaus zeigt das Stadtmuseum Schätze aus 1200 Jahren Stadtgeschichte

Kunst unter freiem Himmel

Als 1973 die 130.000 D-Mark teure Plastik „Drei rotierende Quadrate" von George Rickey aufgestellt werden sollte, erhob sich ein so starker Bürgerprotest gegen dieses Kunstwerk, dass die Stadt Münster beschloss, es nicht zu kaufen – stattdessen wurde ihr die Skulptur dann zwei Jahre später von der Westdeutschen Landesbank geschenkt.

Als Reaktion auf den Bürgerprotest riefen die Kuratoren Klaus Bußmann und Kaspar König 1977 eine **Skulpturenausstellung im öffentlichen Raum** ins Leben, um die Münsteraner an moderne Kunst zu gewöhnen. Seitdem findet die Ausstellung, an der sich renommierte internationale Künstler beteiligen, alle zehn Jahre statt. Münster wird zum Versuchslabor, um Beziehungen zwischen Kunst und Öffentlichkeit, Geschichte, Kultur und Topografie herzustellen. Längst ist die Ausstellung zu einem Höhepunkt im internationalen Kunstgeschehen geworden und auch die Münsteraner haben ihren Frieden mit modernen Kunstwerken gemacht. Die Skulpturenausstellung wurde von ihnen mit lokalpatriotischem Stolz vereinnahmt: Viele Plastiken und Skulpturen wurden nach den Ausstellungen aufgekauft und sind noch heute im Stadtbild zu sehen.

Die folgende Auswahl ist nicht vollständig, weitere Informationen hält die **Münster Information** (s. S. 119) bereit.

★118 [ai] **Archäologische Stätte – A Sorry Installation,** Guillaume Bijl (2007), Sentruper Höhe am Aasee. Ein Kirchturm ragt aus einem Loch hervor, als sei er gerade von Archäologen freigelegt worden. Meisterhaft karikiert der belgische Künstler den Kulturtourismus.

★119 [bi] **Blickst du hinauf und liest die Worte,** Ilya Kabakov (1997), nördliches Aaseeufer. Mit der Skulptur, die auf den ersten Blick wie eine gewaltige Funkantenne aussieht, schreibt Kabakov in 15 Meter Höhe mit Drahtlettern eine Botschaft in den Himmel, die von Goethe stammen könnte, tatsächlich aber aus der Feder des Künstlers stammt. Und man lässt sich gerne von dem überzeugen, was dort steht: „Mein Lieber! Du liegst im Gras, den Kopf im Nacken, um dich herum keine Menschenseele, du hörst nur den Wind und schaust in den offenen Himmel – in das Blau dort oben, wo die Wolken ziehen – das ist vielleicht das Schönste, was du im Leben getan hast."

★120 [D4] **Dolomit zugeschnitten,** Ulrich Rückriem (1976). Im Jesuitengang gegenüber der Petrikirche (23) steht diese Skulptur aus neun Granitsteinen. Die abgeschrägte Form nimmt Bezug auf das Kirchengebäude. Die umstrittene Skulptur wurde zunächst zeitlich begrenzt aufgebaut, erst 1987 kehrte sie dauerhaft an ihren Platz zurück.

★121 [E5] **Drei rotierende Quadrate,** George Rickey (1975), Engelenschanze. Dieses Kunstwerk stand am Beginn der Skulpturenausstellung. Ein leichter Wind setzt drei quadratische Flächen aus geschliffenem Aluminium in Bewegung. Während sich die Sonne in den Flächen spiegelt, scheint die Schwerkraft aufgehoben. Heute ist es nur schwer vorstellbar, dass dieses typische Beispiel für kinetische Kunst einst den Zorn der Münsteraner heraufbeschworen hat.

★122 [C5] **Giant Pool Balls,** Claes Oldenburg (1977), nördliches Aaseeufer. Dass die Münsteraner Skulpturenausstellung von Beginn an auf internationale Aufmerksamkeit stieß, beweist die Tatsache, dass sich Claes Oldenburg als hervorragender Vertreter der Pop Art gleich zu Anfang beteiligte. Oldenburgs Plan bestand darin, die ganze Stadt zu einem Billardtisch zu machen und gigantische Billardkugeln zu verteilen. Letztlich wurden nur drei Kugeln am Ufer des Aasees realisiert.

★123 [E4] **Kirschensäule,** Thomas Schütte (1987), Harsewinkelplatz. Eine mächtige Säule präsentiert ein übergroßes Paar roter Kirschen. Dieses witzige Denkmal überhöht das Alltägliche und stellt den Zweck des Denkmals selbst in Frage.

★124 [bi] **ohne Titel,** Donald Judd (1977), Aaseeufer nahe Freilichtmuseum Mühlenhof (s. S. 38). Zu sehen sind zwei große konzentrische Betonringe. Der äußere Ring folgt der Schräge des Abhangs am Aaseeufer, der Innere ist horizontal ausgerichtet wie das Wasser im See.

★125 [A6] **Pier,** Jorge Pardo (1997), nördliches Aaseeufer. Diese Skulptur lädt zum Entspannen und Sonnenbaden ein, denn eigentlich ist sie nicht mehr als ein hölzerner Pier, der weit in den Aasee hineinragt.

★126 [A2] **sanctuarium,** Hermann de Vries (1997), Einsteinstraße, nahe Schlosspark. Hinter dem Schlossgarten steht eine kreisförmige Mauer mit 14 Metern Durchmesser, die Hermann de Vries 1997 errichten ließ. Der Innenraum blieb unbepflanzt, schon bald aber säten sich Pionierpflanzen aus, die das „Heiligtum" füllten. Durch die Öffnungen in der Mauer kann dieser Prozess beobachtet werden.

★127 [D4] **Unsettling the Fragments, Eagle,** Martha Rosler (2007), Rothenburg/Ecke Königsstraße. Fast geht das Kunstwerk in den Reklameflächen und Verkehrsschildern an der Ecke Rothenburg und Königsstraße unter. Und doch irritiert der Blick auf den Steineren Adler über den Köpfen der Passanten. Das Kunstwerk erinnert an die deutsche Geschichte und den Umgang mit ihr, denn das Hakenkreuz ist aus den Klauen herausgeschlagen, doch die Geschichte ist damit nicht getilgt. Bewusst wählte Rosler auch die Münster Arkaden als Standort für ihre Skulptur, denn deren Architektur erinnert an die mächtigen Bauten Albert Speers.

017ms Abb.: Presseamt Münster / Roman Mensing

★128 [D3] **Verkürzter Himmel,** Giovanni Anselmo (1987), Aaseitenweg nahe der Petrikirche 23. Wie stellt man die Weite des Himmels künstlerisch dar? Hinter der Theologischen Fakultät hat Giovanni Anselmo einen bestechenden Vorschlag gemacht, indem er mithilfe eines nüchternen Metallpfostens den Himmel um einen messbaren Abstand verkürzt.

„Blickst du hinauf und liest die Worte" von Ilya Kabakov

016ms Abb.: cg

Münster zum Träumen und Entspannen

Um die Altstadt herum verläuft die **Promenade** 28, die im Sommer mit dem dichten Grün der Linden aufwartet. Immer wieder finden sich rechts und links Bänke und Liegeflächen zum Entspannen. Fußgänger sollten jedoch auf den Verkehr achten: Die Promenade ist zwar für Autos gesperrt, doch umso beliebter ist sie bei Fahrradfahrern, die hier in Massen auftreten können.

Im Süden der Altstadt breitet sich der **Aasee** 35 aus. Auch hier kann man die Seele baumeln lassen, wenn man herumspaziert, sich auf den Liegewiesen niederlässt oder mit einem Boot in „See" sticht.

Leicht entkommt man der hektischen Stadt, wenn man am Ufer der Aa den **Aaseitenweg** betritt. Selbst Münsteranern ist oft nicht bekannt, wie schnell hier Ruhe einkehrt und man für sich allein sein kann. Vom Zwinger 30 bis zum Aasee führt der Weg durch die Stadt, gesäumt von Uferpflanzen und den kleinen Gärten der Stadthäuser. Zwar muss immer wieder eine Straße überquert werden, doch schon nach wenigen Metern kann man wieder in die Idylle eintauchen, sich auf einer Bank niederlassen und seinen Gedanken nachhängen.

EXTRAINFO

Baden verboten

Der **Aasee** eignet sich wegen der schlechten Wasserqualität leider nicht zum Baden. Das Wasser des **Dortmund-Ems-Kanals** hat zwar Trinkwasserqualität, doch auch wenn das einige nicht stört: Das Baden ist hier nicht erlaubt. Durch die Sogwirkung der großen Kanalschiffe kommt es immer wieder zu Todesfällen. Strengstens verboten ist es zudem, von den Brücken zu springen.

Im Sommer wird der Dortmund-Ems-Kanal zum beliebten Ausflugsziel

Am Puls der Stadt

018ms Abb.: cg

Das Antlitz Münsters

„Ausgezeichnet lebenswert" – Münster ist die lebenswerteste Stadt der Welt – was die Münsteraner insgeheim schon immer wussten, wurde 2004 amtlich, als Münster der Liv-Com Award in der Kategorie „Stadt mit 200.000 bis 750.000 Einwohnern" verliehen wurde.

Schon nach kurzer Zeit wird der Besucher den Preisrichtern zustimmen können: Münsters Stadtbild ist geprägt von einer harmonischen Kombination aus 1200-jähriger Geschichte, (meist) behutsamer Stadtplanung und modernster Architektur. **Westfälische Gemütlichkeit** geht mit **urbanem Leben** eine fruchtbare Symbiose ein. **Fast 50.000 Studenten** an der Universität und den Fachhochschulen sorgen für jugendlichen Schwung.

Münster liegt etwa 40 Kilometer nördlich des Ruhrgebietes in der Westfälischen Tieflandsbucht im Norden Deutschland. Als Oberzentrum für das Münsterland lässt die **Infrastruktur** kaum etwas zu wünschen übrig. Es gibt Einzelhandelsgeschäfte und Gastronomie auf jedem Preisniveau, mehrere Theater und zahlreiche Museen bieten ein reiches **Kulturangebot.** Auch das **Sport- und Freizeitangebot** ist groß. Es gibt zahlreiche Sportanlagen und Schwimmbäder. Auf dem Aasee im Südwesten der Altstadt kann gesegelt und es können Tretboote gemietet werden. Der Dortmund-Ems-Kanal, der die Stadt vom Südwesten nach Nordosten quert, ist zudem ein beliebtes Revier für den Rudersport.

Die Wege in Münster sind kurz und leicht mit dem Fahrrad zu bewältigen.

◁ *Vorseite: Unübersehbar – der Kirchturm von St. Lamberti* 7

EXTRAINFO

Die Stadt in Zahlen

- **Gegründet:** 793 n. Chr.
- **Einwohner:** 296.500
- **Einwohner/km²:** 963,7
- **Fläche:** 303 km²
- **Höchster Punkt:** 99 m über NN
- **Prinzipalmarkt:** 60 m über NN
- **Niedrigster Punkt:** 39 m über NN
- **Anzahl der Fahrräder:** rund 500.000

Nie ist die nächste Grünanlage weit, in der man sich ausruhen kann. Überhaupt ist Münster eine **grüne Stadt:** Drei Viertel des Stadtgebiets bestehen aus Grünflächen und Feldern, schon nach wenigen Kilometern findet man sich auf idyllischen Bauernhöfen wieder.

Über Jahrhunderte spielte sich das Leben der Münsteraner innerhalb der Stadtmauern ab, an deren Stelle die heutige Promenade verläuft. Ab dem 19. Jahrhundert wurde die Stadt jedoch erheblich größer. Durch mehrfache Eingemeindungen in den Jahren 1875, 1903, 1956 und 1975 wuchs sie auf eine Fläche von rund 303 km² an und zählt seitdem zu den **flächenmäßig größten Städten in Nordrhein-Westfalen.** Allerdings bestehen knapp zwei Drittel des Stadtgebiets aus **landschaftlichen Nutzflächen** sowie **Wald- und Erholungsgebieten** und **Wasserflächen.** Die Besiedlung konzentriert sich auf die **Altstadt** in der Mitte des Stadtgebiets und mehrere „verstreute" **Stadtteile,** die mittlerweile selbst die Größe kleiner Städte erreicht haben.

Münster zählt rund **300.000 Einwohner.** Durch die Einführung einer Zweitwohnungsteuer erlebte die Stadt vor allem in den letzten Jahren einen deutlichen **Wachstumsschub.**

Viele Studenten meldeten ihren ersten Wohnsitz in Münster an – der positive Effekt: Die klamme Stadtkasse kann mit größeren Zuschüssen des Landes rechnen. Doch auch so wird in den nächsten Jahren ein weiteres Anwachsen der Münsteraner Bevölkerung erwartet. Es gibt einen leichten Geburtenüberschuss in der Stadt, vor allem aber lockt die attraktive Universitätsstadt viele junge Menschen an, die sich auch nach dem Studium recht schwer tun, das lebenswerte Münster zu verlassen.

Hierzubleiben fällt aber auch aus wirtschaftlichen Gründen leicht, denn Münster geht es auch ökonomisch gesehen vergleichsweise gut. Treibende Kräfte der Wirtschaft sind **Handel** und Dienstleistungen. Seit Anbeginn der Stadtgeschichte, als Kaufleute vor den Toren der Domburg ihre Marktstände aufschlugen, spielte der Handel eine große Rolle bei der Stadtentwicklung. Noch heute verzeichnet Münster einen erheblichen Kaufkraftzufluss aus dem Umland, weil viele Bewohner des Münsterlandes zu den Umsätzen in der Stadt Münster beitragen. Doch nicht nur was den Konsum angeht ist Münster das Oberzentrum des Münsterlandes. Viele kulturelle Einrichtungen und Freizeitangebote werden von Besuchern und Touristen aus der ganzen Umgebung wahrgenommen.

Neben dem Handel prägt vor allem das **Dienstleistungsgewerbe** die Wirtschaft der Stadt. Rund 86 Prozent der Erwerbstätigen arbeiten im tertiären Sektor. Für Münster ist der starke Dienstleistungsbereich keine neue Entwicklung, denn schon immer war Münster eine Verwaltungsstadt. Hier hatte der Fürstbischof eines der größten Bistümer Deutschlands seinen Sitz, das seit dem 17. Jahrhundert mit absolutistischer Strenge und einer „modernen" Verwaltung regiert wurde. 1815 erklärten die Preußen Münster zur Hauptstadt der preußischen Provinz Westfalen und siedelten zivile und militärische Behörden in der Stadt an. Gerichte, Banken, Versicherungen und Berufskammern und -verbände folgten. Münster wurde zum „Schreibtisch Westfalens". Vergleichsweise gut bezahlte Beamte und Angestellte tragen bis heute dazu bei, dass in der Stadt ein im deutschlandweiten Vergleich **überdurchschnittliches Einkommen** erzielt wird. Die Großindustrie war und ist bis auf wenige Ausnahmen – vor allem im Bereich der Che-

Münster – ausgezeichnet

Die Krönung zur „lebenswertesten Stadt der Welt" war nicht die erste und blieb nicht die letzte Auszeichnung, die Münster erhielt: Regelmäßig wird die Stadt im Städteranking von Wirtschaftsinstituten oder Wirtschaftszeitschriften auf den vorderen Rängen platziert. Bereits 2006 kürte die Deutsche Umwelthilfe Münster zum zweiten Mal zur „Bundeshauptstadt für Klimaschutz". Die Zeitschrift „Runner's World" ernannte sie zu „Deutschlands Läufer-City Nummer 1" und 2004 wurde sie zur „kinderfreundlichsten Stadt Deutschlands" gekürt. Das Magazin „Men's Health" ehrte Münster im Jahr 2000 als „männerfreundlichste Stadt Deutschlands". Der ADFC erklärte die Stadt 2013 zum wiederholten Male zur „Fahrradhauptstadt" - und weil hier so viele Fahrräder unterwegs sind, ist Münster auch Spitzenreiter in der Statistik, die die Fahrraddiebstähle verzeichnet.

mieindustrie (Lacke und Farben) – so gut wie nicht vorhanden.

Durch diese spezifisch Münsteraner Wirtschaftsstruktur überstand die Stadt die **Wirtschafts- und Finanzkrise** seit 2008 recht gut. Die Arbeitslosenquote blieb vergleichsweise gering. Dennoch steht es um die städtischen Finanzen nicht zum Besten. In den ersten Jahren des 21. Jahrhunderts mussten drastische **Sparmaßnahmen** ergriffen werden, um den Haushalt zu konsolidieren. Die Münsteraner mussten auf viele liebgewonnene Gewohnheiten und manchen Luxus verzichten – wie zum Beispiel den sogenannten Münster-Standard: Lange Zeit waren Neubauten der Stadt Münster deutlich besser ausgestattet worden als vergleichbare Gebäude in anderen Städten.

Immerhin ist es Münster bisher gelungen, die Haushaltssicherung zu vermeiden. Nach wie vor kann der Rat der Stadt eigenständig über den mehr als 950 Millionen Euro umfassenden Etat entscheiden. Ob dies aber auch noch in Zukunft so bleiben wird, ist noch nicht klar und längst haben die Münsteraner erkannt, dass das Recht, auf einer Insel der Glückseligen zu leben, nicht vom Himmel fällt.

Von den Anfängen bis zur Gegenwart

Münster ist die Stadt der **Wiedertäufer** und des **Westfälischen Friedens.** Mit beiden Ereignissen trat Münster ins Licht der Weltgeschichte. Doch auch jenseits dieser spektakulären Ereignisse ist die Geschichte der Stadt von Spannungen und Gegensätzen geprägt, die teilweise bis heute sichtbar sind – sei es im Stadtbild oder in der Mentalität der Münsteraner. So lieferten sich die Bürger lange **Streitigkeiten** und Auseinandersetzungen mit ihren Landesherren, den Bischöfen. Mancher Bischof wusste sich nicht anders zu helfen, als die Stadt durch Belagerungen „zur Vernunft" zu bringen. Als im 19. Jahrhundert jedoch die weltliche Herrschaft des Bischofs endete, war die Fehde zwischen Bürgern und Bischof vergessen. Gemeinsam traten sie nun den neuen Machthabern, den **Preußen**, gegenüber. Im 20. Jahrhundert blieb Münster katholisch-konservativ geprägt.

Heute hebt man vor allem **Kardinal von Galen** (s. S. 62) hervor, der sich im **Dritten Reich** mit mutigen Predigten gegen die Verbrechen der Nationalsozialisten wandte. Hinter dem beliebten Bischof kann sich noch heute mancher Bewohner der Stadt verstecken, um nicht zugeben zu müssen, dass auch die Münsteraner die nationalsozialistische Gewaltherrschaft oftmals bereitwillig hingenommen und wenig gegen die Verbrechen unternommen haben.

Im **Zweiten Weltkrieg** schließlich war Münster schwersten Luftangriffen ausgesetzt. Fast 90 Prozent der Altstadt wurden vernichtet. Man überlegte schon, das alte Münster aufzugeben und die Stadt an anderer Stelle völlig neu zu errichten, doch dann besann man sich eines Besseren und beschloss, sie wieder aufzubauen und dabei im Wesentlichen die **mittelalterliche Struktur** wiederherzustellen. Diesem mutigen Entschluss verdankt die Stadt Münster das, was heute ihr viel gelobtes Erscheinungsbild ausmacht.

793 Im Auftrag Karls des Großen beginnt der friesische Missionar Liudger mit der Missionsarbeit im heutigen Westfalen. Auf einer kleinen Erhebung nahe der Siedlung Mimigernaford errichtete er ein Kloster. Es ist die Keimzelle der Stadt. Aus „monasterium", der lateinischen Bezeichnung für das Kloster, wird im Laufe der Jahrhunderte der Name der Stadt „Münster".

805 Das Bistum Münster wird gegründet. Liudger wird zum ersten Bischof ernannt. 809 stirbt er auf einer Reise durch sein Bistum in Billerbeck, begraben wird er im Kloster Werden bei Essen.

Um 850 Fertigstellung des ersten Doms auf dem Horsteberg, der durch Befestigungsanlagen gesichert wird.

Im 9. Jh. schlagen Händler vor den Toren der Domburg ihrer Stände auf. Noch heute erinnern die Straßennamen Alter Fischmarkt, Roggenmarkt und Prinzipalmarkt an diese Märkte.

Um 1050 In der Kaufmannssiedlung wird der erste Bau der Lambertikirche errichtet.

1121 Herzog Lothar von Sachsen erobert die Domburg. Dabei kommt es zu einer Feuersbrunst, die weite Teile der Stadt und den Dom vernichtet.

ca. 1350 Das Münsteraner Rathaus nimmt die bis heute weitgehend erhaltene Form an. Der Schaugiebel wird am Ende des 14. Jahrhunderts fertiggestellt. Um diese Zeit entstehen auch die Bogengänge am Prinzipalmarkt.

1530 Mit den Predigten von Bernhard Rothmann beginnt in Münster die Reformation.

1534/1535 Einer radikalen, reformatorischen Sekte, den Täufern, gelingt es, in Münster die Macht zu übernehmen. Im Glauben, dass Münster das neue Jerusalem sei, errichten sie eine brutale Herrschaft. 1535 stürmen bischöfliche Truppen die Stadt und schlagen das Täuferreich nieder (s. S. 73).

1536 Die Anführer der Täuferbewegung werden hingerichtet und ihre Leichen in Körben am Turm der Lambertikirche aufgehängt.

Hier will ich nicht begraben sein!

Als der friesische Missionar ***Liudger*** *im Jahre 809 starb, wurde sein Leichnam zunächst in Münster aufgebahrt, denn natürlich sollte der Gründungsbischof in seiner Bischofsstadt begraben werden. Der Sage nach erscholl aber ein Ruf durch die Stadt: „Hier will ich nicht begraben sein!" Man legte den Leichnam Liudgers daher auf einen Ochsenkarren und ließ die Ochsen laufen. In Werden bei Essen, wo Liudger ein Kloster gegründet hatte, hielt das Gespann. Deshalb wurde der Bischof hier beigesetzt.*

Statue von Bischof Liudger im Durchgang zwischen Rathaus 4 *und Stadtweinhaus* 5

Von den Anfängen bis zur Gegenwart

1588 Im Zuge der Gegenreformation kommen die Jesuiten nach Münster, an der Aa errichten sie das Jesuiten-Kolleg und die Petrikirche.

1618 bis 1648 In Europa tobt der Dreißigjährige Krieg. Weil Münster stark befestigt ist und von Kriegshandlungen weitgehend verschont geblieben ist, wird die Stadt zusammen mit Osnabrück zum Ort, an dem über den Friedensschluss verhandelt wird.

1648 Nachdem die Niederlande achtzig Jahre lang gegen die Spanier Krieg geführt haben, wird am 15. Mai im Münsteraner Rathaus der Frieden zwischen beiden Ländern beschworen. Mit diesem Schwur erlangen die Niederlande ihre Unabhängigkeit. Am 24. Oktober wird in Münster und Osnabrück schließlich der Westfälische Frieden geschlossen, der den Dreißigjährigen Krieg in Europa beendet.

1661 Gerne wären die Münsteraner Bürger nach dem Dreißigjährigen Krieg eine reichsfreie Stadt geworden. Um das zu verhindern, belagert jedoch der Bischof Christoph Bernhard von Galen (gen. Bomben-Bernd) die Stadt. Schließlich unterwerfen sich die Münsteraner. Der Bischof errichtet eine absolutistische Herrschaft.

1756–1763 Im Siebenjährigen Krieg wird Münster mehrfach erobert und belagert. Noch während des Krieges wird der prachtvolle Erbdrostenhof fertiggestellt, in dem die Befehlshaber der Besatzungsarmeen Quartier nehmen.

1764 Die Befestigungsanlage wird geschleift. An ihrer Stelle wird eine Promenade angelegt, die bis heute als Grüngürtel einmal um die Altstadt führt.

1767–1787 Schon lange hatten die Fürstbischöfe den Münsteranern ein Schloss versprochen, doch erst im Jahr 1767 kann Johann Conrad Schlaun mit den Bauarbeiten beginnen. Als das Schloss nach 20-jähriger Bauzeit vollendet ist, ist es von der Geschichte überholt. Nur wenige Jahre später wird die weltliche Herrschaft der Fürstbischöfe aufgehoben.

1773 Gründung der Universität

1780 Aufnahme des Lehrbetriebs an der Universität

1792 Johann Wolfgang von Goethe ist zu Besuch in Münster.

1802 Preußische Truppen unter General Gebhard Leberecht von Blücher besetzen die Stadt.

1803 Reichsdeputationshauptschluss: Das Fürstbistum Münster wird aufgelöst.

1805–1813 Münster wird von den Franzosen besetzt. Kurzfristig gehört es dem Großherzogtum Berg an, dann wird es an das französische Kaiserreich angeschlossen und zur Hauptstadt des Departements Lippe erhoben. Im November 1813 besetzen abermals preußische Truppen die Stadt.

1815 Auf dem Wiener Kongress wird Münster endgültig preußisch. Die Stadt wird Hauptstadt der neuen preußischen Provinz Westfalen mit Sitz des Oberpräsidenten und des Generalkommandos des VII. Armeekorps.

1848 Münsters erster Bahnhof wird mit einer Stichbahn nach Hamm eröffnet, wo Anschluss an die Köln-Mindener Eisenbahn besteht.

1875 In Deutschland tobt der „Kulturkampf". Die katholische Stadt Münster wird zu einem der zentralen Orte dieser Auseinandersetzung zwischen der Regierung des Deutschen Reiches in Berlin und der katholischen Kirche. Mehrfach verstößt der Münsteraner Bischof Johann Bernhard Brinkmann gegen die Kulturkampfgesetze. Die preußische Regierung erklärt den Bischof für abgesetzt und klagt ihn an. Brinkmann flieht in die Niederlande, erst 1884, nach Ende des Kulturkampfs, kann er nach Münster zurückkehren.

1907 Kaiser Wilhelm II. besucht die Stadt und verleiht der Universität den Namen „Westfälische Wilhelms-Universität".

1914–1918 Erster Weltkrieg. Als wichtiger Militärstandort wird auch Münster anfangs von einer großen Kriegsbegeisterung ergriffen. Am Bahnhof wird eine „Verwundeten-Entlade-Station" eingerichtet, in der verletzte Soldaten und Kriegsgefangene untergebracht werden, bis sie auf Lazarette und Lager im Reich verteilt werden können. Mehrere Kriegsgefangenenlager werden in der Stadt errichtet.

1924 Die Geschichte des Westdeutschen Rundfunks beginnt mit der „Westdeutschen Funkstunde", die in Münster produziert wird.

1933 Die Nationalsozialisten übernehmen die Macht in Deutschland. Politik und Gesellschaft werden gleichgeschaltet – auch in Münster. Die Stadt wird Hauptstadt des Gaus Westfalen-Nord. Gauleiter Alfred Meyer ist mitverantwortlich für die Ermordung der europäischen Juden. Als Staatssekretär im Reichsministerium für die besetzten Ostgebiete nimmt er an der Wannseekonferenz zur „Endlösung der Judenfrage" teil.

1938 In der Reichspogromnacht brennen die Nationalsozialisten die Synagoge an der Klosterstraße nieder.

1939–1945 Zweiter Weltkrieg. Nach dem deutschen Überfall auf Polen beginnen die Nationalsozialisten mit der Ermordung psychisch kranker und geistig behinderter Menschen. Fast 3000 Menschen werden aus den Heilanstalten der Provinz Westfalen verschleppt, die wenigsten überleben. Ab 1940 ist Münster Ziel von Luftangriffen englischer und amerikanischer Bomber.

1941 Im Sommer 1941 hält der Münsteraner Bischof Clemens August Graf von Galen drei berühmte Predigten gegen die Verbrechen der Nationalsozialisten (s. S. 62). Am 13. Dezember werden die ersten Juden aus Münster und Umgebung in das Ghetto von Riga deportiert. Weitere Deportationszüge verlassen den Bahnhof in den folgenden Wochen und Monaten. 1942 wird vermeldet: „Münster ist judenfrei." Von den 710 Juden, die 1933 in Münster wohnten, überleben nur 24 die Zeit des Nationalsozialismus.

1945 Am 2. April befreien britische und amerikanische Truppen Münster. Die Stadt wird Teil der britischen Besatzungszone. Bis zu 90 Prozent der Stadt sind durch die Luftangriffe und Kampfhandlungen zerstört. Anfangs wird überlegt, die Stadt gänzlich aufzugeben.

1946 Der Münsteraner Bischof Clemens August Graf von Galen wird von Papst Pius XII. in den Kardinalsrang erhoben. Der Papst würdigt damit die mutige Haltung des Bischofs gegen die Nationalsozialisten. Nur sechs Tage nach seiner Rückkehr aus Rom stirbt der „Löwe von Münster" an einem nicht erkannten Blinddarmdurchbruch.

Bis 1949 In Münster fallen die wesentlichen Entscheidungen für einen Wiederaufbau auf den traditionellen, sprich mittelalterlichen Grundzügen. Bewusst verweigern sich die Stadtväter, Münster ganz im Trend der Zeit zur „autogerechten Stadt" zu machen.

1974 Die bewusste Förderung des Fahrradverkehrs beginnt. Vor allem soll dadurch der drohende Verkehrsinfarkt der Stadt verhindert werden.

1977 Die erste Skulpturenausstellung findet statt. Fortan lockt die Ausstellung alle zehn Jahre internationale Künstler und Kulturfreunde nach Münster.

1994–1999 Für eine Wahlperiode wird Münster zum ersten Mal von einer rot-grünen Regierung unter Marion Tüns (SPD) geführt. Die jahrzehntelange Dominanz der CDU ist damit gebrochen.

2004 Münster erhält den LivCom Award und wird damit als lebenswerteste Stadt der Welt ausgezeichnet.

2006 und 2009 Mit den Münster Arkaden und der neuen Bebauung der Stubengasse werden in Münster zwei wichtige städtebauliche Projekte verwirklicht, die das Gesicht der Stadt erheblich verändern.

2012 Nach langem Streit, Ratsbeschluss, Bürgerbegehren und Bürgerentscheid wird der Hindenburgplatz in Schlossplatz umbenannt.

2013 Nach 68 Jahren verlassen die letzten britischen Soldaten die Stadt. Die Umwandlung der ehemaligen Kasernenflächen in attraktive Wohngebiete wird in den nächsten Jahren eine große Herausforderung für Stadtplanung und Stadtentwicklung sein.

Leben in der Stadt

Der Volksmund kennt drei „Münsteraner Todsünden“: zugereist zu sein, kein Fahrrad zu fahren und der evangelischen Konfession anzugehören.

Katholizismus und Münster, das gehört eng zusammen. Noch heute gehören 55 Prozent der Bevölkerung der **katholischen Kirche** an. Gleichwohl war das Verhältnis der Münsteraner Bürger zu ihrem Bischof oft sehr angespannt. Jahrhundertelang kämpften Bischof und Bürger um die Vorherrschaft in der Stadt. Als die Bürger nach dem Dreißigjährigen Krieg sogar danach strebten, eine **reichsfreie Stadt** zu werden, wusste sich der Bischof nicht anders zu helfen, als die Stadt mehrfach zu belagern. 1661 brachte er die Bürger gewaltsam „zur Vernunft“ und errichtete eine absolutistische Herrschaft, der sich die Münsteraner nur widerwillig fügten.

Erst als der Bischof Anfang des 19. Jahrhunderts seine weltliche Macht verlor, entspannte sich das Verhältnis. Nachdem Münster 1815 endgültig preußisch geworden war, hatten Bischof und Bürger in den neuen Machthabern einen gemeinsamen Feind, denn die **Preußen** kamen aus dem tiefen Osten und waren evangelisch, was im katholischen Münster für reichlich Spannung sorgte. Es dauerte bis in die Anfänge des 20. Jahrhunderts, bis sich die Münsteraner als Bestandteil des preußisch geprägten Kaiserreiches begriffen.

Auch im **20. Jahrhundert** bestimmte der Katholizismus lange Zeit die politischen Geschicke der Stadt. Bis 1933 war Münster Hochburg der katholischen Zentrumspartei, die hier über 60 Prozent der Stimmen erreichen konnte. Nach dem Zweiten Weltkrieg verlor sich die tief katholische Prägung jedoch, denn viele Menschen, die in Folge des Krieges aus den ehemaligen deutschen Ostgebieten vertrieben wurden und nun im Westen eine neue Heimat suchten und fanden, waren Mitglieder evangelischer Kirchen. Die Frage der Konfession verlor seitdem zunehmend an Bedeutung. **Politisch** dominierte weiterhin eine christliche Partei, die CDU, den Stadtrat, teilweise verfügten die Christdemokraten über die absolute Mehrheit. Erst in den 1990er-Jahren wurde die Vorherrschaft der CDU gebrochen. Von 1994 bis 1999 stand Marion Tüns einer rot-grünen Regierung vor. Seitdem stellen jedoch wieder die Christdemokraten das Stadtoberhaupt, seit 2009 kann sich der Oberbürgermeister Markus Lewe jedoch nicht mehr auf eine eigene Mehrheit im Rat stützen.

Das Max-Planck-Institut für molekulare Biomedizin gehört zu den „Leuchttürmen“ in der Wissenschaftsstadt Münster

Stadt der Wissenschaft und Lebensart

Mit **fast 50.000 Studenten** zählt Münster zu den größten Hochschulstandorten in Deutschland – jeder sechste Einwohner der Stadt ist Student. Allein an der **Westfälischen Wilhelms-Universität** sind knapp 40.000 Studenten eingeschrieben. Mit rund 550 Professoren und 6000 weiteren Mitarbeitern (ohne Angestellte des Klinikums und Hilfskräfte) ist die Münsteraner Uni die fünftgrößte Universität in Deutschland.

Auch an der wissenschaftlichen Leistung gemessen spielt die Münsteraner Uni in der ersten Liga. In den Naturwissenschaften bringen vor allem die Medizin und die Nanotechnologie der Hochschule internationales Renommee ein. In den Geisteswissenschaften wurde das Exzellenzcluster „Religion und Politik" zu einem Leuchtturmprojekt, an dem mehr als 200 Wissenschaftlerinnen und Wissenschaftler beteiligt sind.

Auch wenn ein eigentlicher Campus fehlt, so hat sich doch in der **westlichen Altstadt** ein lebendiges **Universitätsviertel** herausgebildet. Zwischen dem Fürstenberghaus am Domplatz mit der Philosophischen Fakultät und dem Schloss, in dem die Verwaltung der Uni ihren Sitz hat, haben sich zahlreiche Fachbereiche angesiedelt: Unter anderen sitzen die Juristen und Wirtschaftswissenschaftler, die Erziehungswissenschaftler und Sozialwissenschaftler, die Historiker, Theologen, Philosophen und Philologen im Zentrum der Stadt.

Die **Naturwissenschaftler** haben die enge Altstadt indes verlassen und ihre Bleibe weiter außerhalb zwischen der Altstadt und dem Stadtteil Gievenbeck gefunden. In den letzten Jahren sind weitere Forschungseinrichtungen wie das Max-Planck-Institut für molekulare Biomedizin, das Biotechnologiezentrum und Centrum für Nanotechnologie (CeNTech) hinzugekommen. Es entstand ein Wissenschaftspark, in dem Spitzenforschung betrieben und zugleich die Zusammenarbeit mit innovativen Unternehmen gefördert wird.

Natürlich verbringen die Studenten ihre Zeit nicht nur in den Hörsälen, Instituten und Büchereien. Mit **Cafés, Kneipen, Diskotheken** und zahlreichen **studentischen Kultureinrichtungen** prägen sie das Leben in der Stadt und haben seit den 1960er-Jahren maßgeblich dazu beigetragen, die oftmals verknöcherten Strukturen aufzubrechen. Zwar blieb es 1968 in Münster vergleichsweise ruhig, weil sowohl Studenten als auch die Leitung der Universität und die Verwaltung der Stadt auf Konsens setzten und eine Eskalation weitgehend vermieden, doch in den folgenden Jahren entstand eine junge, oftmals politisch links stehende, später „grüne" Studentenschaft, die maßgeblich zu einer liberalen Stadtgesellschaft beitrug.

Wissenschaft und Lebensart gehören in Münster eben eng zusammen. Ohne die Uni wäre Münster gewiss nicht die „lebenswerteste Stadt der Welt" geworden – aber wenn Münster nicht so lebenswert wäre, würden vermutlich auch weniger Studenten nach Münster drängen.

Neben der Westfälischen Wilhelms-Universität gibt es noch **eine Reihe anderer Hochschulen** in Münster: Die Fachhochschule, die Katholische Hochschule NRW, die Philosophisch-Theologische Hochschule, die Musikhochschule, die Kunstakademie und die Deutsche Hochschule der Polizei. Hinzukommen schließlich die Westfälische Verwaltungs- und Wirtschaftsakademie, die Fachhochschule für öffentliche Verwaltung Nordrhein-Westfalen sowie die Fachhochschule des Bundes für öffentliche Verwaltung, Fachbereich Finanzen.

Fahrradhauptstadt

Schüler und Studenten, Lehrer und Professoren, Angestellte und Beamte, Geschäftsleute, Priester und der Oberbürgermeister – alle fahren Fahrrad. 37 % aller Wegstrecken in der Stadt werden mit dem Fahrrad zurückgelegt, Tendenz steigend. Zu den erstaunlichen Fakten gehört auch, dass es in Münster weit mehr Fahrräder als Einwohner gibt. Auf die knapp 300.000 Einwohner kommen schätzungsweise über 500.000 Fahrräder. Es gehört in Münster eben zum guten Ton, mehrere Fahrräder im Keller zu haben. Mehrfach wurde Münster in den letzten Jahren vom Allgemeinen Deutschen Fahrrad-Club (ADFC) zur Fahrradhauptstadt gekürt.

So richtig kam die Entwicklung Münsters zur Fahrradhauptstadt erst **nach dem Zweiten Weltkrieg** in Fahrt. Nach der verheerenden Kriegszerstörung, der bis zu 90 Prozent der Gebäude in der Stadt zum Opfer fielen, wurde beschlossen, die Stadt unter größtmöglicher Beibehaltung der historischen Straßenzüge wieder aufzubauen. Dies war eine **Grundsatzentscheidung** von überragen-

KURZ & KNAPP

Leeze

Als das Fahrrad im letzten Drittel des 19. Jahrhunderts aufkam, bezeichnete man es mit dem lateinischen Begriff „Velociped", was nichts anderes als „schneller Fuß" bedeutet. In der Münsteraner Masematte-Sprache (s. S. 92) der kleinen Kaufleute und Handwerker wurde der lateinische Begriff bald verballhornt. Seitdem spricht man in Münster liebevoll von seiner „Leeze", wenn man das Fahrrad meint.

021ms Abb.: Presseamt Münster / Tilman Roßmölle

der Bedeutung für die Entwicklung der Stadt, aber auch für den Fahrradverkehr: Einerseits gründet sich auf dieser Entscheidung das besondere, viel gelobte Flair der Stadt, anderseits war sie keine autogerechte Stadt. Mit wachsender Motorisierung in der Wirtschaftswunderzeit drohte der Stadt mehrfach der Verkehrsinfarkt. Das erkannte auch der von der CDU dominierte Stadtrat, der sich vor allem um das beschauliche Erscheinungsbild der Stadt sorgte. Es blieb nur ein Ausweg: **Der Fahrradverkehr musste gefördert werden.** Seit 1974 wurden verstärkt Fahrradwege gebaut, Ampelschaltungen an den Fahrradverkehr angepasst und Abstellanlagen für Fahrräder eingerichtet.

Einige clevere Verkehrsregelungen machen das Fahrradfahren in Münster leicht. So gibt es seit über 20 Jahren sogenannte **Fahrradstraßen**, auf denen Radfahrer Vorrang vor anderen Verkehrsteilnehmern haben. Was mit einem Pilotprojekt an der Schillerstraße begann, ist längst ein Vorbild für ganz Deutschland geworden. Bei vielen **Einbahnstraßen** ist die Gegenrichtung für Fahrradfahrer freigegeben. Vor zahlreichen **Ampelanlagen** gibt es vor den wartenden Autos genügend Raum für Fahrradfahrer. In drei **Fahrradparkhäusern** kann man sein Fahrzeug gegen ein kleines Entgelt sicher und trocken abstellen – längst sind aber auch die Kapazitäten dieser Parkhäuser ausgenutzt, sodass es vor den Münster Arkaden, am Bahnhof und vor den Instituten der Uni noch immer so aussieht, als habe es Fahrräder geregnet.

Seit den 1970er-Jahren ist das Radfahren in Münster sogar zu einer solchen Selbstverständlichkeit geworden, dass manche Fahrradfahrer glauben, für sie gelte die Verkehrsordnung nicht. Also heißt es aufpassen und lieber zweimal hinschauen – in Münster kann ein schwungvoller Radfahrer unerwartet überall auftauchen.

Fahrräder prägen das Bild der Stadt

022ms Abb.: Presseamt Münster

Wilsberg, Thiel und Boerne – Krimistadt Münster

Das häufigste Verbrechen in Münster ist der Fahrraddiebstahl. Gewaltdelikte mit Todesfolge oder gar Morde sind statistisch recht selten. Und doch ist Münster bundesweit als Schauplatz diverser Kapitalverbrechen bekannt.

Als Jürgen Kehrer 1990 seinen ersten **Wilsberg-Kriminalroman** („Und die Toten lässt man ruhen") veröffentlichte, ahnte wohl niemand, dass dies der Beginn einer beispiellosen Münsterkrimi-Begeisterung war, die bald auch das Fernsehen ergriff. Mit Georg Wilsberg schuf Jürgen Kehrer einen Privatdetektiv, der sich mit seiner westfälischen, lakonisch-sturen, oft ironischen Art ausgezeichnet in die Münsteraner Provinz einfügt. 1995 wurde das ZDF auf die Figur des Privatdetektivs aufmerksam. Zunächst spielte Joachim Król die Hauptrolle, seit 1998 ist Leonard Lansink als Georg Wilsberg zu sehen. Anders als in der literarischen Vorlage betreibt dieser in den Filmen kein Geschäft für alte Briefmarken und Münzen, sondern führt das Antiquariat Wilsberg. Viel lieber als alte Bücher zu verkaufen, ist er aber als Privatdetektiv unterwegs, und so wird das Antiquariat Solder gegenüber der Überwasserkirche während der Dreharbeiten zum kriminalistischen Mittelpunkt der Stadt. In fast 40 Filmen, die regelmäßig hohe Einschaltquoten erzielen, jagt Wilsberg die Verbrecher. Unterstützt wird er von Ekki Thalkötter (Oliver Korittke) und Alex Holtkamp (Ina Paule Klink) und oft genug muss ihm auch Hauptkommissarin Anna Springer (Rita Russek) mit ihrem Assistenten Overbeck (Roland Jankowsky) zur Seite springen.

Seit 2002 produziert der WDR den **Münster-Tatort.** Auch diese Krimis haben von Beginn an die Zuschauer begeistern können und zählen zu den beliebtesten Filmen der Sendereihe. Mit dem Hauptkommissar Frank Thiel (Axel Prahl) und dem Gerichtsmediziner Karl-Friedrich Boerne (Jan Josef Liefers) ermittelt im Münster-Tatort das wohl witzigste Krimiteam des deutschen Fernsehens. So manchen Münsteraner mag überrascht haben, dass ausgerechnet das beschauliche Münster solche Tatortfilme mit teils bissigem Humor hervorbringt, und doch haben die Stadtbewohner ihr Tatortteam als festen Bestandteil der Münsteraner Identität liebgewonnen: Thiel und Boerne, aber auch Boernes Asstistentin Silke Haller (Christine Urspruch), genannt „Alberich“, und Thiels Kollegin Nadeshda Krusenstern (Friederike Kemper) sowie die kettenrauchende Staatsanwältin Wilhelmine Klemm (Mechthild Großmann) und Thiels Vater Herbert (Claus Dieter Clausnitzer) sind längst Münsteraner Lokalhelden geworden.

Dass die beliebten Fernsehkrimis für die Stadt Münster auch Werbung zur besten Sendezeit sind, haben die Verantwortlichen in der städtischen Politik längst erkannt. Der Filmservice **Münster.Land** des Presse- und Informationsamtes der Stadt hat sich der Aufgabe angenommen, gute Bedingungen für die Dreharbeiten zu schaffen: Die Produzenten freut, dass sie wenig oder nichts für die Drehgenehmigungen bezahlen müssen, und die Schauspieler genießen, dass so ziemlich jeder in Münster Bescheid weiß, wenn wieder einmal gedreht wird.

◁ *Das Schauspielerteam des Münster-Tatorts vor dem Schloss* 29

Dennoch bleibt es ein Wehmutstropfen, dass für beide Münster-Krimis **längst nicht alle Szenen in Münster gedreht** werden. Bei der Tatort-Folge „Das Wunder von Wolbeck“ (Folge 851) ging sogar ein Aufschrei durch die Münsteraner Öffentlichkeit, weil hier allzu offensichtlich wurde, dass nicht in Münster gedreht wurde: Eine rheinische Gaststätte und ein Braunkohlekraftwerk, das es in Münster nicht gibt, verrieten sofort, dass dieser Tatort nur noch dem Namen nach in Münster spielte. Einige Orte sind indes immer wieder **Drehorte** für den Münster-Tatort und die Wilsberg-Krimis. So tauchen regelmäßig der Prinzipalmarkt 3, das Rathaus 4, die Lambertikirche 7 und der Bahnhof in den Filmen auf.

Die Begeisterung für die Fernsehkrimis hat auch zu einer großen Nachfrage nach **Kriminalromanen** geführt, die in Münster spielen. Ein großer Internetbuchhändler prägte sogar den Gattungsbegriff „Münsterkrimi“. Mittlerweile sind weit über 100 Titel dieser Art erschienen. Die Münsteraner Buchhandlungen halten eine aktuelle Auswahl bereit.

Krimi-Drehorte

35 [B6] **Aasee.** Im Tatort „Mörderspiele“ (2004) wird eine Leiche am Aasee gefunden. Mit großer „künstlerischer“ Freiheit erinnert der Film an den Fall Rohrbach, der in den 1950er-Jahren bundesweit Aufsehen erregte.

★129 [C3] **Antiquariat Solder,** Frauenstraße 49, Tel. 45339. Gegenüber der Überwasserkirche befindet sich das Antiquaritat Solder, das in den Wilsberg-Filmen zum Antiquariat Wilsberg wird. Damit Ekki hier sein Auto parken kann, das sich Wilsberg allzu oft ausleiht, wurden speziell für die regelmäßi-

Wilsberg, Thiel und Boerne – Krimistadt Münster

gen Dreharbeiten die festen Poller vor dem Geschäft entfernt und durch bewegliche ersetzt.

★130 [C4] **Bispinghof 1.** In dem Universitätsgebäude nahe dem Domplatz richtete das Fernsehteam der Wilsberg-Krimis das Polizeipräsidium ein, in dem Kriminalkommissarin Anna Springer und ihr Assistent Overbeck ihrer Arbeit nachgehen. Vor allem der charakteristische Innenhof mit den Torbögen hat einen hohen Wiedererkennungswert.

⑩ [F4] **Erbdrostenhof.** Auch der barocke Erbdrostenhof wurde bereits zum Schauplatz eines Münsterkrimis. Im der Wilsberg-Folge „Die Wiedertäufer" wurde hier die Central Bank eingerichtet, die verdächtige Bankgeschäfte durchführt.

★131 [bh] **Gerichtsmedizin,** Domagkstraße 17, Bus 3, 4, 11, 12, 13, 22 (Haltestelle Domagkstraße). Seit 2002 geht Prof. Karl-Friedrich Boerne seiner Tätigkeit als Fernsehpathologe im Gebäude des Instituts für Pathologie der Westfälischen Wilhelms-Universität nach. Für die Dreharbeiten stehen ein Sektionssaal und der Raum 230 als Büro zur Verfügung. Gedreht wird jedoch nur am Wochenende, wenn der laufende Betrieb und die Vorlesungen ruhen. Aus Pietätsgründen sind in den Filmen nie echte Leichen zu sehen. Auf der Wiese vor der benachbarten Klinik für Psychiatrie und Psychotherapie übt Prof. Boerne übrigens auch schon mal für ein Golfturnier und hebt dafür den Fahnenmast aus der Verankerung, um den Golfball einlochen zu können („Der doppelte Lott", 2005).

› **Hafen,** Hafenplatz/Hafenweg [G7], Bus 6, 8, 17 (Haltestelle Stadtwerke). Mehrfach war der Hafen Schauplatz wilder Verfolgungsjagden. Bei den Dreharbeiten für den Tatort „Fluch der Mumie" (2010) wurde hier das Fluchtauto unfreiwillig versenkt. Auch für den ZDF-Krimi „Wilsberg und der Mord ohne Leiche" wurden Szenen am Hafen gedreht.

★132 [D3] **Limon-Theater,** Spiekerhof 33. Normalerweise befinden sich hier eine Buchhandlung und eine Galerie, doch 2005 verlegten die Filmemacher das Limon-Theater in dieses Gebäude mit dem markanten Durchgang am Ufer der Aa. Im Tatort „Der doppelte Lott" (Folge 615) trat in diesem Theater Tom Linden alias Tim Fischer auf.

133 [E4] **Pfefferkorn,** Prinzipalmarkt 8–10. Das Restaurant Pfefferkorn wurde 2011 zum „Ratskeller", jedoch ist im Tatort „Herrenabend" nicht mehr als die Tür von außen zu sehen. Wenn der Kommissar über den roten Teppich in das Nobelrestaurant eintritt, findet er sich einen Filmschnitt später in Köln wieder, denn die Innenaufnahmen wurden aus Kostengründen dort gedreht.

③ [E4] **Prinzipalmarkt.** Die Szenen auf dem Prinzipalmarkt sind schon Klassiker und fehlen in kaum einem Münster-Tatort: Boerne fährt mit seinem Cabrio über den Prinzipalmarkt, Thiel kämpft mit seinem Rad gegen das Kopfsteinpflaster und nur wenige Meter weiter wartet sein Vater am Taxistand. Dabei ist auch stets die Lambertikirche im Bild. In den Wiedertäufer-Käfigen am Turm dieser Kirche wird im Tatort „Mörderspiele" eine Leiche gefunden.

Krimi-Stadtführungen

Viele Veranstalter bieten regelmäßig Stadtführungen zu den Drehorten der Münster-Tatorte und der Wilsberg-Krimis. Termine und Treffpunkte werden in der Tagespresse veröffentlicht oder können bei Münster Marketing (s. S. 119) erfragt werden.

› **K3 Stadtführungen,** Dahlweg 56, Tel. 1432516, www.k3-stadtfuehrungen.de
› **Stadt Lupe,** Heinrich-Brüning-Straße 9, Tel. 4922770, www.stadt-lupe.de
› **Stattreisen Münster,** Rothenburg 47, Tel. 4140333, www.stattreisen-muenster.de

Münster entdecken

023ms Abb.: Presseamt Stadt Münster / Bernhard Fischer

024ms Abb.: Presseamt Münster / Tilman Roßmöller

Die meisten Sehenswürdigkeiten der Stadt Münster liegen innerhalb des Promenadenrings und sind schnell zu Fuß erreicht. Rund um den Domplatz in der Mitte der Stadt schließen sich weitere interessante Viertel mit ihren Sehenswürdigkeiten an.

Rund um den Dom

Mittwochs und samstags wird der Domplatz zu einem der schönsten Plätze der Stadt, denn dann findet der große Wochenmarkt statt und lockt unzählige Besucher an. Zu anderen Zeiten wirkt der Platz trotz der alten Bäume etwas karg. Mit dem eigenartigen Architekturmix aus historischen Gebäuden, funktionalen Gebäuden aus der Mitte des 20. Jahrhunderts und postmoderner Architektur der Gegenwart gibt der Domplatz seine Reize erst auf den zweiten Blick preis.

Vor über 1200 Jahren begann am heutigen **Domplatz** die Geschichte der Stadt Münster. Auf einer Erhebung nahe der kleinen Siedlung Mimigernaford errichtete der Missionar **Liudger** im Jahre 793 ein befestigtes Kloster mit Kirche, Wohn- und Wirtschaftsgebäuden und einer Schule. Das Kloster wurde zur Zentrale, von der aus Liudger und seine Kleriker im Auftrag Karls des Großen das Wort Gottes in ganz Westfalen verbreiteten. Bald entstand das Bistum Mimigernaford, 805 wurde Liudger zum ersten Bischof geweiht. Aus den bescheidenen Anfängen ging die Stadt hervor. Die lateinische Bezeichnung für das Kloster – „monasterium" – wandelte sich im Laufe der Jahrhunderte zum Namen der Stadt: Münster. Bis heute ist der Domplatz Mittelpunkt der Stadt geblieben.

◁ Vorseite: Auf dem Picassoplatz [D4] ist das Konterfei des berühmten Künstlers abgebildet

△ Der Dom zu Münster ist bis heute Mittelpunkt der Stadt

1 St.-Paulus-Dom ★★★ [D3]

109 Meter lang, die Türme 55 und 57 Meter hoch – der St.-Paulus-Dom zu Münster beherrscht den Domplatz. 2010 bis Anfang 2013 wurde er aufwendig saniert und seitdem erstrahlt er innen und außen in neuem Glanz. Bis heute ist die Bischofskirche das geistliche Zentrum des Bistums Münster, das sich vom Niederrhein bis zur Nordsee erstreckt.

Der Sandstein-Dom ist der dritte Kirchenbau an dieser Stelle. Er wurde in den Jahren 1225 bis 1264 errichtet. In seiner Architektur vollzieht sich anschaulich der Übergang von der Romanik zur Gotik. So deutet sich in der romanischen Basilikaform auch bereits die gotische Hallenkirche an, wie sie in späteren Jahrhunderten verbreitet war.

Im Zweiten Weltkrieg wurde der Dom schwer beschädigt. Die einst reich verzierte, spätgotische **Westseite** mit einem prächtigen Portal wurde beim Wiederaufbau nicht rekonstruiert. An seine Stelle trat eine geschlossene, modern gestaltete Wand, die nur durch 16 kleine **Rundfenster** durchbrochen wird. Die von Ewald Mataré entworfenen Fenster symbolisieren die zwölf Apostel und die vier Evangelisten. Anfangs verspotteten die Münsteraner die neue Gestaltung der Westfassade als „Seelenbrause" oder „Telefonwählscheibe". Heute ist sie ein charakteristisches Wahrzeichen der Stadt Münster.

Man betritt den Dom durch das sogenannte **Paradies** mit seinem kunsthistorisch bedeutenden Figurenschmuck. Über der Doppeltür, die in den Innenraum des Doms führt, thront Christus als Weltenrichter. Unter ihm befindet sich eine 1536 von Johann Brabender geschaffene Paulus-Statue. Zu beiden Seiten des Kirchenpatrons stehen jeweils fünf Statuen aus dem 13. Jahrhundert, die weitere Apostel darstellen. Die Zuordnung der einzelnen Statuen ist nicht sicher geklärt. Nur Bartholomäus ist eindeutig auszumachen, denn als Schutzpatron der Schuhmacher ist er der einzige Apostel in der Reihe, der Schuhe trägt. An den Seitenwänden des Paradieses befinden sich vier kunstvolle Statuen: Rechts stehen Dietrich von Isenberg (von 1218 bis 1226 Bischof) und der heilige Laurentius, links sind Maria Magdalena und eine nicht näher bestimmte ritterliche Gestalt zu sehen.

Im Innenraum des Doms erschließt sich die Raumkonzeption: Das lichtdurchflutete Mittelschiff wird von niedrigen Seitenschiffen flankiert. Zunächst fällt der Blick auf zwei monumentale Kunstwerke: Am südöstlichen Vierungspfeiler befindet sich das im Jahr 1625 von Melchior Kribbe geschaffene, manieristisch überfrachtete **Epitaph des Domprobsts Otto von Dorgeloh**, am nordöstlichen Vierungspfeiler erhebt sich die mächtige **Christophorus-Statue**, die 1627 von Johann von Bocholt gestaltet wurde. Zwischen diesen Kunstwerken wird der Blick auf den **Hauptaltar** mit den eingelassenen Reliquienstatuen, das **Triumphkreuz** und den **Chorraum** gelenkt.

Am südlichen Beginn des Chorumganges befindet sich die **Astronomische Uhr.** Der Mathematiker Dietrich Tzwyfel, der Schmied Nikolaus Windemaker und der Mönch Johann von Aachen schufen dieses technische Meisterwerk im Jahre 1540. Noch heute wird auf dem großen Zifferblatt die Zeit exakt angezeigt – auch wenn der Betrachter zunächst verwirrt ist, zum einem, weil sich der einzige Zeiger der Uhr linksherum dreht – also gegen den heutigen Uhrzeigersinn –, zum anderen, weil das Zifferblatt nicht 12, sondern 24 Stunden anzeigt. Auf dieser Uhr kann nicht nur die Uhrzeit abgelesen werden: Sieben Zeiger verdeutlichen den Stand der Planeten und unterhalb der Uhr befindet sich schließlich ein Kalender, auf dem alle kirchlichen Feiertage von 1540 bis 2071 abzulesen sind. Jeden Tag um zwölf Uhr mittags versammeln sich vor der Astronomischen Uhr Heerscharen von Gläubigen und Touristen. Dann erscheinen über der Uhr die Figuren der Heiligen Drei Könige, die sich zweimal vor Maria mit dem Christuskind verneigen.

Bei der Astronomischen Uhr beginnt der Chorumgang mit den drei **Galenschen Kapellen.** Nach der Belagerung und Einnahme der Stadt durch den Fürstbischof Christoph Bernhard von Galen ließ dieser die Kapellen zum Zeichen seiner Macht errichten (1661–1663). Das Grabmal von Christoph Bernhard von Galen in der **Josephskapelle** zeigt den mächtigen Fürstbischof kniend im Gebet versunken.

In der **Liudger-Kapelle** befindet sich das Grab von **Clemens August Kardinal von Galen**, der 1933 bis 1946 Bischof von Münster war und mutig gegen die Willkürherrschaft und Verbrechen der Nationalsozialisten predigte (s. S. 62). Anlässlich des Papstbesuches im Jahre 1987 erhielt die Kapelle ihre heutige Gestaltung. Vor dem Eingang zur Kapelle steht eine Bronzebüste von Galens, die der Bildhauer Edwin Scharff 1950 geschaffen hat. Ein in den Boden eingelassenes Bronzeband führt zum Altarblock. Das Kreuz ist liegend in die schweren Steinblöcke des Altars eingespannt. Neben dem Altar befinden sich schließlich eine silberne Reliquienstatue und eine Armreliquie des heiligen Liudger, dem Gründervater des Bistums und der Stadt Münster.

› Domplatz, Buslinie 1, 2, 11, 12, 13, 14, 22, www.paulusdom.de, geöffnet: So/Feiertage 6.30–19.30 Uhr, Mo–Sa 6.30–19 Uhr

2 Domplatz ★★★ [D3]

Bereits im 12. Jahrhundert waren die Bischöfe und Domherren aus den engen Mauern des Klosters ausgezogen, das der heilige Liudger auf dem Domhügel errichtet hatte. Die Geistlichen schufen sich nun komfortable, repräsentative Wohnhäuser, sogenannte Domkurien, und bald war der gesamte Domplatz von diesen prachtvollen Gebäuden umgeben. Bis heute erhalten sind die Kettelersche Doppelkurie und das Bischöfliche Palais im Nordwesten des Domplatzes gegenüber der modernen Westfront des Doms.

Die **Kettelersche Doppelkurie** ist ein besonders schönes Beispiel dafür, wie die Domkurien im 18. Jahrhundert aussahen. Sie wurde 1712 bis 1716 nach Plänen vom Lambert Friedrich Corfey errichtet. Aufgrund des knappen Baugrundes wurden hier zwei Kurien unter einem Dach zusammengefasst. Deshalb gibt es zwei Freitreppen mit jeweils einem Eingang auf der rechten und linken Seite des Gebäudes, das auch im Innern achsensymmetrisch gestaltet ist. Nach der Kriegszerstörung wurde diese bemerkenswerte Anlage in den alten Formen wieder aufgebaut.

Das benachbarte **Bischöfliche Palais** wurde vermutlich ebenfalls von Lambert Friedrich Corfey geplant und im Jahre 1732 als Domdechanei fertiggestellt. Hier residierte der Domdechant, ein hoher Verwaltungsbeamter

025ms Abb.: cg

des Domkapitels. Erst nachdem der Bischof Anfang des 19. Jahrhunderts die weltliche Macht im Bistum verloren hatte, wurde diese Gebäude 1821 zum Bischofssitz. Im Zweiten Weltkrieg wurde es größtenteils zerstört und ist nach dem Krieg in veränderter, schlichterer Form neu entstanden.

Das barocke Ensemble aus Kettelerscher Doppelkurie und Bischöflichem Palais verschafft dem Betrachter einen Eindruck, wie der Domplatz einmal ausgesehen hat. Schon Max Geisberg bedauerte aber Anfang der 1930er-Jahre, dass der Domplatz als „schöner Mittelpunkt" der Stadt im 19. Jahrhundert seiner „ursprünglichen, weihevollen Stille" entkleidet worden sei. Nachdem Münster 1815 endgültig preußisch geworden war, hatten die neuen Machthaber weniger die ganzheitliche Gestaltung des Platzes im Sinne, sondern nutzten vielmehr die Sprache der Architektur, um ihre **Macht darzustellen.** So hat z. B. die **Bezirksregierung Münster** heute am südlichen Domplatz an einer Stelle (Nr. 1–3) ihren Sitz, wo einst die **Königliche Regierung** der preußischen Provinz Westfalen untergebracht war. Die Preußen errichteten ihren Regierungssitz genau dort, wo jahrhundertlang der Bischof residiert hatte, bevor er 1821 in das Bischöfliche Palais zog – wie konnten die neuen weltlichen Herrscher ihren Machtanspruch auch besser demonstrieren? Ganz in diesem Sinne wurde 1887 ein repräsentatives Regierungsgebäude im Stile der Neorenaissance errichtet. Wenngleich es den Zweiten Weltkrieg vergleichswei-

Domkurien wie die Kettelersche Doppelkurie umgaben einst den ganzen Domplatz

„Der Löwe von Münster" – Kardinal Clemens August Graf von Galen

Kardinal Clemens August Graf von Galen wurde im In- und Ausland bekannt, weil er mutig gegen die Willkürherrschaft der Nationalsozialisten predigte. Von Galen wurde am 16. März 1878 auf der Burg Dinklage im oldenburgischen Münsterland geboren und im strengen katholischen Glauben erzogen. Er studierte Theologie, wurde 1903 in Münster zum Priester geweiht und wirkte 23 Jahre lang als Kaplan an der St.-Matthias-Kirche in Berlin.

1929 wurde von Galen zum Pfarrer von St. Lamberti in Münster, 1933 zum Bischof der Domstadt ernannt. Mit ihm übernahm im Jahr der nationalsozialistischen Machtergreifung ein Mann den Bischofsstab, der sich von den neuen Machthabern nicht einschüchtern ließ. Von Galen fühlte sich allein Gott, der Kirche und dem Glauben verpflichtet. Schon 1936 predigte er: „Lieber sterben als sündigen! Und sollte die Obrigkeit in Kirche oder Staat, in Gemeinschaft oder Familie ihre Stellung missbrauchend von uns verlangen, gegen Gottes Gesetz und gegen das nach Gottes Gesetz geformte Gewissen zu handeln, so wollen wir Leib und Leben opfern, aber unser Gewissen rein bewahren."

1941 hielt der Bischof schließlich drei Predigten gegen die Willkürherrschaft der Nationalsozialisten, in der weder Recht noch Gerechtigkeit herrschten, und gegen die Vertreibung von Ordensleuten sowie gegen die Ermordung von Kranken in den Heil- und Pflegeanstalten. Schnell wurden die Texte abgeschrieben, vervielfältigt und verbreitet. Sie wurden in ganz Deutschland, an der Front, in den besetzten Ländern und bei den Kriegsgegnern verteilt - von Galen wurde als „Löwe von Münster" zu einem Symbol für ein anderes, besseres Deutschland.

Zähneknirschend ließen die Nationalsozialisten den Bischof gewähren, denn sie mussten befürchten, viele Gläubige in die offene Opposition zu treiben, sollten sie den Bischof verhaften oder gar ermorden. Nach dem Krieg wurde von Galen von Papst Pius XII. wegen seines mutigen Eintretens in den Kardinalsrang erhoben. Bei seiner Rückkehr aus Rom am 16. März 1946 feierten mehr als 50.000 Menschen auf dem Domplatz ihren Kardinal. Nur wenige Tage später aber, am 22. März 1946, starb von Galen an einem nicht erkannten Blinddarmdurchbruch. Am 9. Oktober 2005 wurde Kardinal von Galen von Papst Benedikt XVI. seliggesprochen.

026ms Abb.: cg

se gut überstand, so war es doch für die Zwecke einer modernen Verwaltung kaum geeignet. Es wurde daher abgerissen und 1971 durch einen modernen, aber recht nüchternen Zweckbau ersetzt. 2005/2006 wurde das Gebäude grundlegend umgestaltet. Es präsentiert sich heute mit einem verglasten Vorhof und erinnert so in postmoderner Architektur an die einstigen Domkurien.

Ebenfalls den Zwecken preußischer Machtdemonstration diente die Errichtung der (ehemaligen) **Oberpostdirektion** neben dem Regierungssitz. Im Zweiten Weltkrieg wurde das Gebäude zerstört und in der Nachkriegszeit entstand ein sachlicher Neubau, in dem sich heute noch eine kleine Postdienststelle befindet. In demselben Gebäude lädt das **Marktcafé** (s. S. 29) nicht nur an Markttagen zum Verweilen ein und eine Gedenktafel an der rechten Gebäudeseite erinnert an Kriegszerstörung und Wiederaufbau. Das Gebäude des **Landesmuseums für Kunst und Kulturgeschichte** (s. S. 37) schließt seit 1908 die Reihe der preußischen Bebauung am südlichen Domplatz ab. Weil ein umfangreicher Erweiterungsbau errichtet wird, bleibt das Museum bis 2014 geschlossen.

Neben Kirche und preußischer Verwaltung befindet sich am Domplatz schließlich eine dritte Institution, die die Geschichte und auch die Gegenwart der Stadt Münster maßgeblich prägt: die Universität. Im **Fürstenberghaus** 22 befinden sich die **Philosophische Fakultät** und das **Archäologische Museum der Universität.** Die Statue auf der kleinen Freifläche zwischen den Gebäudeflügeln erinnert an den Reformer Franz von Fürstenberg, der 1773 als bischöflicher Minister die Universität ins Leben rief.

027ms Abb.: cg

An fast versteckten Stellen befinden sich drei Denkmäler auf dem Domplatz. Zwischen Fürstenberghaus, Landesmuseum und dem Parkplatz auf dem Domplatz ist eine Gedenktafel in den Boden eingelassen. An dieser Stelle wurde im Mai 1933 der **„Schandpfahl"** errichtet, an dem die Nationalsozialisten die „undeutschen" Schriftsteller verspotteten. Auf dem Schlossplatz (damals Hindenburgplatz) folgte wenige Tage später, wie auch in anderen Städten, die Verbrennung „undeutscher" Bücher.

Die Kreuzigungsgruppe von Bert Gerresheim zeigt drei Personen aus der Münsteraner Geschichte, die heute als Selige verehrt werden

Im Osten des Doms erinnert im Schatten der Linden eine 1977 von Toni Schneider-Manzell geschaffene Statue an **Kardinal von Galen** (s. S. 62). Das Standbild ist übergroß, schwer und symbolisiert die Standhaftigkeit des Mannes, der als „Löwe von Münster" in die Geschichte einging: Während der Zeit des Nationalsozialismus wandte sich der Münsteraner Bischof mit mutigen Predigten gegen die Willkürherrschaft.

Nur wenige Meter von der Statue entfernt befindet sich an der Rückseite des Doms die **Kreuzigungsgruppe** von Bert Gerresheim aus dem Jahre 2004. Die moderne Skulptur stellt vordergründig recht konventionell die Kreuzigung Christi dar. Bei einer genaueren Betrachtung erkennt man aber, dass es sich bei den Personen unter dem Kreuz um Menschen aus der Geschichte Münsters handelt, die heute in den Kanon der Heiligen bzw. Seligen aufgenommen sind.

Links ist im Ordensgewand der Clemensschwestern **Maria Euthymia** (s. S. 35) dargestellt. Sie pflegte im Zweiten Weltkrieg schwerkranke Kriegsgefangene und Zwangsarbeiter. Daneben steht die stigmatisierte Nonne **Anna Katharina Emmerick**, die im frühen 19. Jahrhundert als „Mystikerin des Münsterlandes" bekannt wurde. Rechts am Kreuz ist **Clemens August Graf von Galen** dargestellt. In den Händen hält er seine Predigten. Am Fuße des Kreuzes sitzt schließlich **Jan von Leiden**, der König der Täufer. Als Antichrist wendet er sich von Christus ab. Neben dem Täuferkönig liegen die zerstörten Insignien der Täuferherrschaft, aber auch ein zerschlagenes Hakenkreuz sowie Hammer und Sichel als Symbole dafür, dass Terror und Gewaltherrschaft überwunden werden können.

EXTRATIPP

Toiletten als Kunst

Ein überaus praktisches Kunstwerk befindet sich *unter* dem Domplatz. Einige Stufen führen hinab zu den öffentlichen Toiletten – links für Männer, rechts für Frauen. Im Rahmen der **Skulpturenausstellung 2007** ließ der Konzeptkünstler Hans-Peter Feldmann die Toiletten renovieren und modern gestalten. Und auch wenn der Sinn des Besuchers an diesem Ort nicht danach steht, Kunst zu betrachten, so wird er doch von der freundlichen Gestaltung und der Sauberkeit überrascht sein.

Verlässt man den Domplatz über die Domgasse in Richtung Lambertikirche (7), so führt der Weg an den Resten der sogenannten **Immunitätsmauer** vorbei, die ab dem 12. Jahrhundert die Grenze zwischen dem Dombezirk und der Kaufmannssiedlung markierte, die um diese Zeit vor der Domburg entstand. Die Grenze hatte erhebliche Bedeutung: Auf der Seite des Doms galt nämlich kirchliches Recht, während auf der Seite der Kaufmannssiedlung städtisches Recht angewendet wurde.

› Buslinie 11 und 22 (Haltestellen: Domplatz oder Prinzipalmarkt)

Das Rathaus (4) und das Stadtweinhaus (5) sind die einzigen Gebäude am Prinzipalmarkt, die nach dem Zweiten Weltkrieg wieder originalgetreu aufgebaut wurden

028ms Abb.: Presseamt Münster / Tilman Roßmöller

Prinzipalmarkt, Lambertikirche und Salzstraße

3 Prinzipalmarkt ★★★ [E4]

Der Prinzipalmarkt ist Münsters „gute Stube". 48 Giebelhäuser mit ihren charakteristischen Bogengängen prägen den Charakter dieser Straße. Tagsüber laden die Geschäfte zum Bummel ein, abends und nachts sind die Sandsteinfassaden wunderschön illuminiert.

Im Mittelalter verlief an der Stelle des heutigen Prinzipalmarkts der **Fernhandelsweg** von Köln und Dortmund zu den Hafenstädten an Nord- und Ostsee. Nahe der Domburg stellten die Händler ihre Stände auf und hielten Markt. Der Name „Prinzipalmarkt" erinnert daran, dass sich hier einmal der „Hauptmarkt", der größte und wichtigste Marktplatz der Stadt, befand.

Im 11. und 12. Jahrhundert wurden die Marktstände schließlich zu Häusern, die sich dicht an den Rand der Domburg drängten.

Die berühmten **Bogengänge** verdankt der Markt dem beengten Raum, der den Kaufleuten zur Verfügung stand. Um eine bestmögliche Ausnutzung der kleinen Grundflächen zu erhalten, stockte man die Häuser auf und ließ die oberen Stockwerke aufgestützt auf Holz- oder Steinpfeiler in den Straßenraum hineinragen. So erhielten die oberen Stockwerke eine größere Fläche. Im 14. Jahrhundert entstanden die prachtvollen **Steinfassaden** und **Schaugiebel**, die zusammen mit den Bogengängen bis heute den einmaligen Charakter der Straße prägen.

Da im Laufe der Jahrhunderte immer wieder das ein oder andere Haus abgerissen und im jeweils „modernen" Stil der Zeit neu gebaut wurde, bestimmte in den Jahren vor dem

Zweiten Weltkrieg bald ein bunter Mix aus alten und neuen Baustilen das Aussehen des Prinzipalmarkts. Gotik, Renaissance und Barock standen nebeneinander und zeugten von der langen Geschichte dieser Straße.

Der alte Prinzipalmarkt wurde im Zweiten Weltkrieg unwiederbringlich zerstört. Nur wenige Gebäude überstanden die Bombenangriffe. So blieb z. B. die dreigeschossige Fassade des Wohn- und Geschäftshauses **Prinzipalmarkt 48**, in dem sich das Café Kleimann (s. S. 29) befindet, erhalten. Mit seiner Renaissancefassade und den rot-weißen Fensterläden gehört es zu den schönsten Gebäuden der Straße. Auch das Haus **Prinzipalmarkt 23** mit seiner in den 1920er-Jahren von Alfred Hensen gestalteten Fassade überdauerte den Krieg. Hier befand sich das Spielzeug- und Sportartikelgeschäft Brinckmann und so zieren die Fassade ein Fußball- und ein Tennisspieler sowie der Spruch: „Der Jugend das Beste".

Von den zerstörten Häusern am Prinzipalmarkt wurden nur das **Rathaus** ❹ und das benachbarte **Stadtweinhaus** ❺ nach dem Zweiten Weltkrieg originalgetreu wieder aufgebaut. Bei den anderen Häusern, die man neu errichtete, übernahm man aber wenigstens die überlieferten Dimensionen der schmalen Grundstücke und die Giebel. So blieb der Gesamteindruck des Ensembles erhalten. Erst auf den zweiten Blick ist zu erkennen, dass die Häuser von der Architektursprache der frühen 1950er-Jahre geprägt sind. Bis heute hat diese architektonische Meisterleistung des Wiederaufbaus, die in Deutschland ihresgleichen sucht, ihren Reiz nicht verloren.

› Buslinie 1 und 14 (Haltestelle Prinzipalmarkt)

EXTRATIPP

Täuferbrunnen

Man muss zwischen den Häusern Nr. 29 und Nr. 41 schon genau auf das Pflaster des Prinzipalmarkts schauen, um ein denkwürdiges Kunstwerk zu entdecken. In der Pflasterung des Prinzipalmarkts markiert eine **Kapsel** die Stelle des ehemaligen Brunnens, an dem die Täufer ihre **Taufen** vollzogen. In dieser Kapsel befinden sich Wasser dieses Brunnens und Wasser aus dem Jordan im Heiligen Land, um an das Sakrament der Taufe zu erinnern.

029ms Abb.: cg

⌃ *Die im Boden eingelassene Kapsel enthält Jordanwasser und erinnert damit an die Täuferzeit*

› *Die Fassade des Rathauses stammt im Original aus dem 14. Jahrhundert*

4 Historisches Rathaus und Friedenssaal ★★★ [E4]

Das Rathaus ist das eindrucksvollste Gebäude am Prinzipalmarkt. Die prachtvolle Fassade aus dem 14. Jahrhundert, die nach dem Zweiten Weltkrieg rekonstruiert wurde, ist Zeugnis vom Reichtum der Stadt Münster und dem Selbstbewusstsein ihrer Bürger.

Mit dem Rathaus, das bewusst am Hauptzugang zum Domplatz errichtet wurde, demonstrierten die Bürger ihre Macht und ihr Selbstbewusstsein gegenüber den Bischöfen, mit denen sie jahrhundertelang um die Vorherrschaft im mittelalterlichen Münster stritten. Die Ursprünge des Rathauses gehen bis ins **12. Jahrhundert** zurück. Bürgerhalle, Bögen und Schaugiebel wurden im 14. Jahrhundert errichtet.

Das **Bildprogramm** und die **Symbolik der Fassade** haben schon Generationen von Kunsthistorikern beschäftigt. Heute finden vor allem die Deutungen von Josef Vennemann Zustimmung, der die Gestaltung des Giebels als Erinnerung an die Ankunft des Messias betrachtet. Die Figur auf der Fiale (ein aus Stein gemeißeltes, schlankes Türmchen) rechts außen schaut in die Ferne, die Figur auf der Fiale links außen stößt in die Trompete: Es sind die Wächter, die auf die Ankunft des Herrn warten. Die mittleren Fialen stellen mit den Figuren von Moses und Elias die Stufe der Verheißung dar. Auf den obersten vier Fialen sind schließlich Engel zu sehen, die Christus und Maria huldigen, die im sogenannten Himmelsschrein die Fassade des Rathauses krönen. Direkt darunter symbolisiert eine Statue von Karl dem Großen, der den heiligen Liudger im ausgehenden 8. Jahrhundert als Missionar nach Westfalen schickte, die weltliche Macht.

Nachdem das Rathaus im Zweiten Weltkrieg zerstört worden war, wurde es beim Wiederaufbau erneut zum **Symbol des stolzen Münsteraner Bürgertums.** Die Stadtverwaltung hatte angesichts der Kriegszerstörungen andere Sorgen, als sich ausgerechnet um das Rathauses zu kümmern. Ihr kam es hauptsächlich auf die Instandsetzung der Infrastruktur an. Deshalb sammelten die Stadtbewohner aus eigener Kraft Spenden und organisierten mehrere Lotterien, um den Wiederaufbau zu finanzieren. Der Erfolg gab ihnen recht: Im Jahre 1958 war das Rathaus wieder komplett hergestellt.

030ms Abb.: cg

Bereits 10 Jahre früher konnte der **Friedenssaal** des Rathauses zum 300. Jubiläum des Westfälischen Friedens wieder eingeweiht werden. Bis ins 18. Jahrhundert hinein tagte in diesem Saal der Rat der Stadt Münster. Auch das Schöffengericht kam hier zusammen und sprach Recht. Die wertvolle Einrichtung und die reich ausgestaltete Vertäfelung stammen aus dem 16. Jahrhundert und wurden im Stile der Renaissance von dem Maler Hermann tom Ring entworfen. Zum Glück war die komplette Inneneinrichtung des Friedenssaals im Zweiten Weltkrieg ausgelagert worden und überstand so die Zerstörung des Rathauses.

Am Eingang des Saals sieht man die sprichwörtlich gewordenen Schranken des Gerichts, jene Barriere aus Holz, die während der Gerichtsverhandlungen die Richter von den Parteien und Zuschauern trennte. Unter der Decke befindet sich auf Lateinisch und Platt die Mahnung „Audiatur et altera pars" bzw. „men hoere beide parte" („Man höre beide Seiten"). Unter einem Baldachin an der Nordwand befinden sich eine große Schrankwand für die städtischen Akten, die Bürgermeisterbank und der Gerichtstisch. Die 22 Türen der Wandschrankfächer sind mit kostbaren Schnitzereien verziert, die Szenen der Bibel, Heiligenfiguren und mancherlei menschliches Laster darstellen. Eine besondere Ordnung oder ein Bildprogramm ist indes nicht auszumachen. So sieht man u. a. den heiligen Georg einen Drachen bezwingen und Simon gegen einen Löwen kämpfen oder zwei kopflose Männer, die gegeneinander kämpfen. An einer anderen Tür schlagen zwei Affen mit Äxten auf sich ein und ein Säufer trinkt aus einem großen Krug. An den Längsseiten des Raums befinden sich Bänke, auf denen die Ratsherren während der Ratssitzungen saßen. Die Fenster sind von Schnitzereien umrahmt, die Moses als Gesetzgeber, die vier Evangelisten sowie Allegorien auf die sieben freien Künste darstellen. Die gegenüberliegende Sitzreihe ist mit den Darstellungen von Christus und den zwölf Aposteln verziert.

Nachdem 1648 der Dreißigjährige Krieg mit dem Friedensschluss von Münster und Osnabrück beendet worden war, wurde der Münsteraner Ratssaal bald zum Symbol des **Westfälischen Friedens.** An dieses welthistorische Ereignis erinnern an der West- und Südseite des Saals 37 Porträts, die Herrscher und Gesandte der an den Verhandlungen beteiligten Mächte zeigen. Die Gesandten wurden im Friedenssaal begrüßt, wenn sie in Münster angekommen waren, doch verhandelt wurde hier nicht. Vielmehr tauschten die Delegationen über einen Vermittler untereinander Schriftstücke aus. Auch als nach jahrelanger Verhandlung endlich am 24. Oktober 1648 der Friedensvertrag unterzeichnet wurde, geschah das nicht im Friedenssaal. Die Gesandten setzten ihre Unterschriften in ihren jeweiligen Quartieren unter das historische Dokument.

Gleichwohl war schon fünf Monate früher – am 15. Mai 1648 – im Ratssaal der Friedensvertrag zwischen den **niederländischen Generalstaaten** und **Spanien** beschworen worden, der die Unabhängigkeit der Niederlande von Spanien festschrieb. Es war vor allem dieser Schwur, der dem Friedenssaal seinen Namen gab. Neben dem Kamin zeigt der Kupferstich eines Gemäldes von Gerard Terbroch diesen spanisch-niederländischen Friedensschluss.

Als die Stadt Münster 1993 ihr 1200-jähriges Bestehen feierte, wurde im **Innenhof** des Rathauses zwischen dem historischen Rathaus und dem Stadthaus der Stadtverwaltung aus den 1950er-Jahren die Skulptur **„Toleranz durch Dialog"** von Eduardo Chillida aufgestellt. Sie überträgt den historischen Friedensschluss als Forderung in die Gegenwart: Zwei übergroße Bänke aus 18 Tonnen rostigem Stahl stehen sich gegenüber und verlangen beinahe gebieterisch den Dialog. Denn wer sitzt, sagt Eduardo Chillida, kämpft nicht.

Eine zusätzliche Bedeutung erhält das Kunstwerk vor dem Hintergrund, dass sich an der Stelle des heutigen Rathaus-Innenhofes bis ins 14. Jahrhundert hinein die erste

Westfälischer Frieden

Nach jahrelangen Verhandlungen beendete der Westfälische Frieden im Jahre 1648 den Dreißigjährigen Krieg. Erstmals wurde ein bewaffneter Konflikt am Verhandlungstisch beigelegt. Da Münster und Osnabrück den Dreißigjährigen Krieg unbeschadet überstanden hatten, wurden die Verhandlungen in diesen beiden Städten geführt. In Osnabrück verhandelten die Gesandtschaften des Kaisers, der Reichsstände und Schwedens. In Münster rangen hingegen die Gesandten des Kaisers mit den Vertretern Frankreichs und die Niederländer mit Spanien um Frieden. Zwischen den Parteien vermittelte unter anderen der Vertreter des Vatikans, Fabio Chigi, der später als Papst Alexander VII. Oberhaupt der römischen Kirche wurde.

Die Städte Münster und Osnabrück wurden für die Zeit der Verhandlungen für neutral erklärt und von ihren Verpflichtungen gegenüber Kaiser und Landesherren entbunden. Gleichzeitig aber sahen sich die Städte enormen Herausforderungen gegenüber. Denn allein in Münster mussten nicht nur über 230 Gesandte, sondern auch deren Gefolge untergebracht und versorgt werden – insgesamt wohl über 10000 Menschen. „Die Hölle muss leer sein, denn die Teufel sind alle in Münster", schrieb der Gesandte aus Mantua.

Theateraufführungen und Bankette, Feste und Bälle prägten das gesellschaftliche Leben der Stadt während der Friedensverhandlungen, denn nicht zuletzt nutzten die Gesandten diese festlichen Anlässe, um ihr Ansehen zu vergrößern und damit ihre politischen Positionen zu festigen.

Als der Friede am 24. Oktober 1648 geschlossen wurde, wurden von Münster und Osnabrück Reiter ausgesandt, die die Kunde vom Frieden in die Welt hinaustrugen. Bis heute sind die Friedensreiter ein Symbol für den historischen Friedensschluss.

031ms Abb.: cg

jüdische Siedlung der Stadt Münster befand. Im unmittelbaren Umfeld gab es eine Synagoge, eine Mikwe (ein rituelles Tauchbad) und eine Verkaufsstelle für koscheres Fleisch (Schochet). Nicht zufällig lag die jüdische Siedlung mitten im Zentrum der aufblühenden Stadt, denn der jüdischen Bevölkerung kam große Bedeutung für die Entwicklung der Stadt zu. In der aufstrebenden Handelsmetropole waren Juden vor allem als Finanzfachleute und Steuerzahler willkommen. Als in der Mitte des 14. Jahrhunderts jedoch die große Pestepidemie Europa ergriff, wurden die Juden für deren Ausbruch verantwortlich gemacht. Auch in Münster wurde ihnen vorgeworfen, die Brunnen vergiftet zu haben. Die Synagoge und andere Kulteinrichtungen wurden zerstört. Ein anonymer Chronist berichtete: „Und wie hier wurden allerwegen die Juden getötet, denn man gab ihnen die Schuld an der Seuche“.

Über Jahrhunderte gab es keine jüdische Gemeinde mehr in Münster. Zwar lebten immer wieder Juden – mehr oder weniger wohlwollend toleriert – in der Stadt, doch ein jüdisches Gemeindewesen und Kulturleben etablierte sich erst wieder im 19. Jahrhundert und fand seinen Mittelpunkt an der neu errichteten **Synagoge** 33 in der Klosterstraße.

› **Rathaus,** Prinzipalmarkt 8–9, Buslinie 11 und 22 (Haltestelle Prinzipalmarkt), Tel. 4922724, Eintritt Friedenssaal: 2 €, ermäßigt: 1,50 €, geöffnet: Di–Fr 10–17 Uhr, Sa, So, Feiertage 10–16 Uhr

KURZ & KNAPP

Preis des Westfälischen Friedens

Seit 1998, als sich der Westfälische Frieden zum 350. Mal jährte, verleiht die **Wirtschaftliche Gesellschaft für Westfalen und Lippe e. V.** alle zwei Jahre den Preis des Westfälischen Friedens an Personen, die sich in besonderer Weise für Europa eingesetzt haben, und an Jugendliche und Jugendgruppen, die vorbildliche Arbeit für den Frieden und die Verständigung leisten. 2012 wurden Altbundeskanzler Helmut Schmidt und die Organisation Children for a better World e. V. ausgezeichnet. Zu den Preisträgern der vergangenen Jahre gehören u. a. der Dirigent Daniel Barenboim und das von ihm gegründete West-Eastern Divan Orchestra, Altbundeskanzler Helmut Kohl, der ehemalige UN-Generalsekretär Kofi Annan und der ehemalige tschechische Präsident Václav Havel.

5 Stadtweinhaus ★★ [E4]

Das Stadtweinhaus wurde 1615/1616 im Stil der **Spätrenaissance** errichtet und nach der Zerstörung im Zweiten Weltkrieg wie das Rathaus 4 originalgetreu wieder aufgebaut. Seinen Namen erhielt das Gebäude, weil in ihm früher der städtische Wein gelagert wurde, dessen Verkauf ein Monopol der Stadt war. Aber auch die städtische Waage war hier einst untergebracht.

Besonders auffällig ist der hervorspringende **Sentenzbogen** mit dem **Balkon.** Von dort wurden einst Rats- und Gerichtsbeschlüsse verlesen, heute zeigen sich hier hohe Gäste der Stadt: Längst ist es Brauch geworden, dass die **Träger des Westfälischen Friedenspreises,** der alle zwei Jahre in Münster verliehen wird, nach der Verleihung vom Balkon ein paar Worte an die Münsteraner richten.

› Prinzipalmarkt 15, Bus 1, 14 (Haltestelle Prinzipalmarkt)

6 Stadthausturm ★ [E4]

Der markante Turm am südlichen Ende des Prinzipalmarkts gehörte zum alten **Stadthaus**, das in den Jahren 1901 bis 1905 nach Plänen von Alfred Hensen im neugotischen Stil an der Klemensstraße errichtet wurde, um der Stadtverwaltung genügend Raum zu schaffen. An die Stelle des alten Gebäudes, das im Zweiten Weltkrieg zerstört wurde, trat der 1956 fertiggestellte, sehr sachliche, große Bau des jetzigen Stadthauses, das sich von der Klemensstraße bis zum Rathaus-Innenhof erstreckt. Im Detail überrascht das Gebäude, zu dem auch ein dreizehnstöckiges Hochhaus gehört, durch den vielfältigen Wechsel von Backstein, Sandstein und Glas.

Im alten Stadthausturm befindet sich heute die Kinderbetreuung **Maxi-Turm** (s. S. 122).

› Prinzipalmarkt 15, Bus 1, 14 (Haltestelle Prinzipalmarkt)

032ms Abb.: cg

7 Lambertikirche ★★★ [E3]

Im 10. Jahrhundert entstand in der Umgebung der heutigen Lambertikirche eine Kaufmannssiedlung. In der ersten Hälfte des 11. Jahrhunderts errichteten die Kaufleute eine erste Kirche, die in den folgenden Jahrhunderten immer wieder erweitert und reichhaltig ausgestattet wurde. Berühmt wurde sie vor allem durch die drei eisernen Käfige an ihrem Turm. In ihnen wurden 1536 die Leichname der drei Anführer der Täuferbewegung nach deren Hinrichtung aufgehängt.

Die Kirche ist dem **heiligen Lambertus** geweiht, der 705/706 in Maastricht den Märtyrertod starb. Weil die Münsteraner Kaufleute weitreichende Geschäftsbeziehungen zu den Städten an der Maas unterhielten, setzte sich die Verehrung des heiligen Lambertus auch in Münster fort.

In den folgenden vier Jahrhunderten folgten an der Stelle des ersten Gotteshauses drei weitere, immer größere Bauten der Lambertikirche. Die Pracht der Kirche, deren reiches Dekor unter anderen **Hallenkirchen** in Westfalen heute ihresgleichen sucht, verdeutlicht in ihrer Pracht das **Aufblühen der Stadt** und das **Erstarken des Bürgertums** in eindrucksvoller Weise. Stets war die Kirche eng mit der Bürgerschaft verbunden. Im Turm rief die städtische Ratsglocke zur Versammlung. Als Brand- und Sturmglocke warnte sie vor Feuer, Unwettern und feindlichen Truppen. Ab dem 14. Jahrhundert ist auch ein Türmer be-

◁ *Der Stadthausturm gehörte einst zum Gebäude der Stadtverwaltung*

033ms Abb.: cg

zeugt und noch heute wacht ein städtischer Angestellter nachts im Turm der Kirche und bläst von 21 bis 24 Uhr alle halbe Stunde ins Horn.

Vor allem wurde der Turm der Lambertikirche aber weit über Münster hinaus bekannt, weil an ihm nach der **Niederschlagung der Täuferherrschaft** 1536 die Leichname der drei Anführer in **eisernen Käfigen** aufgehängt wurden, um die Bevölkerung vor religiösem Wahn und erneutem Aufruhr zu warnen.

Der heutige Turm der Lambertikirche ist indes vergleichsweise jung, denn Ende des 19. Jahrhunderts drohte der Vorgänger einzustürzen und musste abgetragen werden. Nach dem Vorbild des Freiburger Münsters plante Hilger Hertel den Neubau eines neugotischen Turms, der 1898 fertiggestellt wurde. Der aufmerksame Betrachter entdeckt im **Westportal** unter dem Turm bekannte Gesichter, denn der damalige Pfarrer Hermann Kappen und der leitende Baumeister Hertel teilten die Begeisterung und Hochachtung für Johann Wolfgang von Goethe und Friedrich Schiller, und so finden sich die beiden Dichterfürsten am Portal wieder – die Evangelisten Lukas und Johannes tragen ihre Gesichtszüge.

Auf dem Kirchplatz der Lambertikirche steht der **Lamberti-Brunnen.** Er wurde 1956 von Heinrich Bäumer entworfen und zeigt eine typische münsterländische Bauernfamilie. In den 1970er- und 1980er-Jahren war der Brunnen ein beliebter Treffpunkt der Münsteraner Jugend, die sich aber heute lieber am Aasee trifft.

Am **Drubbel**, einem Platz auf der anderen Seite der Lambertikirche, weist das Pflaster am Boden auf eine verschwundene Bebauung hin: Im Laufe der Zeit waren aus den Marktständen dichtgedrängte Häuser hervorgegangen, die sich teils mitten auf der heutigen Straße, teils auf dem heutigen Bürgersteig befanden. Gleich zehn Gebäude standen hier dicht gedrängt auf engstem Raum. Es „drubbelte" – und so erhielt der Platz seinen Namen. Um den Verkehr überhaupt um diese Bebauung herumführen zu können, mussten die auf der Domseite des Drubbels errichteten Häuser sogar auf den Bogengang verzichten, damit genügend Platz für Fuhrwerke blieb. 1906 wurde die Bebauung des Drubbels abgerissen.

› Lambertikirchplatz, Bus 1, 14 (Haltestelle Prinzipalmarkt), geöffnet: Mo–Sa 8–19 Uhr, So 9–19 Uhr

Der Prinzipalmarkt 3 *mit Blick auf die Lambertikirche*

Das „Himmlische Jerusalem" – die Täuferherrschaft in Münster

1534/35 wurde Münster das Zentrum der Täuferbewegung, die wenige Jahre zuvor ihre Anfänge in der Reformation genommen hatte, als sich die Lehren Martin Luthers und Ulrich Zwinglis mit ihrer Kritik an der bestehenden Kirche schnell ausbreiteten. Die „Gemeinde Christi", so nannten sich die Anhänger der Täuferbewegung selbst, ***lehnten die Kindertaufe ab,*** *weil es die freie und bewusste Entscheidung jedes Einzelnen sein sollte, sich durch die Taufe zum Glauben und zu Gott zu bekennen. Das Sakrament wurde bei ihnen daher im Erwachsenenalter vollzogen. Ihre Gegner verspotteten die Bewegung als* ***„Wiedertäufer".*** *Historiker verwenden heute aber lieber einen neutralen Begriff und bezeichnen sie als „Täufer".*

In Rückbesinnung auf die frühchristliche Gemeinschaft traten die Täufer aber auch noch in anderen theologischen Fragen in Widerspruch zur katholischen wie auch zur lutherischen Lehre. Es konnte daher nicht ausbleiben, dass die Täufer bald im ganzen Reich brutaler ***Verfolgung*** *ausgesetzt waren. Nur* ***Münster*** *machte eine Ausnahme. In der Auseinandersetzung um die Reformation zwischen dem Bischof, dem Rat der Stadt und ihren Gilden wurde Anfang 1534 beschlossen, „einen jderen by synen gloven tho laten, so lange dat eth got bettert". Jeder sollte also seinen eigenen Glauben ausüben können und in Münster konnten die Täufer fortan ungehindert leben. In der neuen Freiheit der Religionsausübung sahen sie zugleich ein* ***Zeichen Gottes:*** *Münster, so glaubten sie, sei das „Neue Jerusalem". Nur hier würde es Sicherheit und Frieden während des* ***Jüngsten Gerichts*** *geben – und dieses stünde unmittelbar bevor.*

Der selbsternannte Prophet ***Jan Matthysz*** *sagte das Weltende für Ostern 1534 voraus. Da der Bischof Franz von Waldeck Anfang 1534 mit der Belagerung der Stadt begonnen hatte, um dem Täufertum in der Stadt ein Ende zu bereiten, wurden die Täufer in ihrem Glauben bestärkt, diese auserwählte Stadt bis zum letzten Tag rein halten und verteidigen zu müssen. Die Erwartung des Jüngsten Gerichts, der Glauben, im „Neuen Jerusalem" zu leben und die äußere Bedrohung durch die Truppen des Bischofs bildeten die Grundlage, auf der Jan Matthysz und Jan von Leiden in den folgenden Monaten eine* ***Gewaltherrschaft*** *in Münster errichteten.*

Obwohl die Täufer von der Toleranz des Münsteraner Stadtrates profitiert hatten, zeigten sie sich nun gegenüber anderen Glaubensrichtungen sehr intolerant. Schon im Februar 1534 wurden alle Bürger aus der Stadt vertrieben, die sich nicht zum Täufertum bekennen wollten. Gleichzeitig kam es zu Massentaufen auf dem Prinzipalmarkt.

Bald wurde die Güterteilung mit Aufhebung des Privateigentums eingeführt und der Geldverkehr abgeschafft. Diese Maßnahmen waren indes nicht nur religiös begründet. Sie stellten auch einen durchaus effekti-

ven Weg dar, die knappen Lebensmittel und Güter in der belagerten Stadt zu bewirtschaften. Es entstand eine Art Kriegswirtschaft, in der das Vermögen allein zur Verteidigung der Stadt verwendet und die Lebensmittel nach den Bedürfnissen verteilt wurden.

Ostern 1534 jedoch blieb der von Jan Matthysz vorhergesagte Weltuntergang bekanntlich aus. Vielleicht erwartete er, am „Tage des Herrn" die Belagerungstruppen besiegen zu können, vielleicht glaubte er, dass sein Tod der Wiederkehr Christi vorausgehen müsse - jedenfalls ritt er am Ostertag mit wenigen Begleitern den bischöflichen Truppen entgegen und wurde von ihnen in Stücke geschlagen.

In der Stadt wurde nun Jan Bockelson aus Leiden, genannt ***Jan von Leiden,*** *zur führenden Person. Durch den Ausbau der Befestigungsanlagen, bei dem man auch den Figurenschmuck der Münsteraner Kirchen als Baumaterial verwendete, und durch die Stationierung von Kanonen auf den Kirchtürmen, konnte die Stadt lange gegen die bischöflichen Truppen verteidigt werden. Bis heute erinnert die fehlende Kirchturmspitze der Überwasserkirche daran, dass auf dem Kirchturm einst Kanonen aufgestellt waren.*

Im September 1534 ließ sich Jan von Leiden schließlich ***zum König ausrufen.*** *Zusammen mit seinem Statthalter Bernd Knipperdolling, dem Kanzler Heinrich Krechting und dem königlichen Rat Bernd Krechting, entfaltete er eine bizarre Herrschaft. Wenn der König mit seinem Gefolge hoch zu Ross und in prachtvollen Kleidern durch die Stadt ritt, mussten sich seine Untertanen niederwerfen. Im Sommer 1534 wurde die sogenannte* ***Vielweiberei*** *eingeführt. Jeder Mann hatte fortan das Recht, mehrere Frauen zu ehelichen, jede Frau in der Stadt musste verheiratet sein. Jeder Widerspruch gegen diese Herrschaft wurde mit dem Tod bestraft. Oft erzählt werden die Geschichten, in denen Jan von Leiden Menschen wegen einer kritischen oder auch nur unbedachten Äußerung eigenhändig köpfte.*

Im Frühjahr 1535 waren die Vorräte der Stadt aufgebraucht. Zur Willkürherrschaft trat die ***Hungersnot.*** *Im Juni 1535 gelang dem Schneider Heinrich Gresbeck die Flucht aus Münster. Er verriet den bischöflichen Belagerern die Schwachstelle in der Stadtbefestigung, sodass die bischöflichen Truppen über das Kreuztor nach Münster einfallen konnten. Sie eroberten die Stadt und richteten ein Blutbad an, dem 600 Münsteraner zum Opfer fielen. Die Anführer Jan von Leiden, Bernd Krechting und Bernd Knipperdolling wurden verhaftet und im Januar 1536* ***zum Tode verurteilt.*** *Die Hinrichtung wurde auf dem Prinzipalmarkt vollstreckt. Vier Stunden wurden die Delinquenten mit glühenden Zangen gefoltert, dann wurden sie mit einem Dolch erstochen. Ihre sterblichen Überreste wurden in eisernen Körben an den Turm der Lambertikirche gehängt. Die Körbe mahnen, nie wieder den Pfad des rechten Glaubens zu verlassen.*

Heute ist aus dem „Warnzeichen" längst ein „Wahrzeichen" der Stadt Münster geworden. Für die Skulpturenausstellung 1987 installierte Lothar Baumgarten drei „Irrlichter" in den Körben, die nachts leuchten, um an die Seelen zu erinnern, die keine Ruhe finden können.

8 Salzstraße ★★★ [E4]

An der Lambertikirche beginnt die Salzstraße. Die Fußgängerzone gehört zu den beliebtesten Einkaufsstraßen in Münster. Neben inhabergeführten Geschäften wie dem Devotionalienhandel Kuhlmann (s. S. 22) und einer der ältesten Konditoreien Münsters (Café Grotemeyer, s. S. 29) befinden sich hier das Kaufhaus Karstadt und zahlreiche Modegeschäfte.

Lange Zeit galt es als ausgemacht: Die Salzstraße heiße Salzstraße, weil hier mit Salz gehandelt worden sei, doch bis heute konnten keinerlei Belege dafür gefunden werden. Ab dem 14. Jahrhundert als „vicus salis" bezeichnet, war die Straße zunächst nicht viel mehr als ein Feldweg. Im 17. Jahrhundert aber verlagerte sich das gesellschaftliche Leben des Adels im Winter von den Burgen und Herrensitzen des Münsterlandes in die Stadt. Auch an der Salzstraße entstand eine Reihe von **Adelshöfen**, die miteinander um die prächtigste Form und die schönste Ausstattung wetteiferten. Neben dem Alten Steinweg und der Königsstraße wurde die Salzstraße zu einer der besten Adressen der Stadt.

Heute ist von dem feudalen Flair des 17. und 18. Jahrhunderts kaum mehr etwas zu spüren. Nach den verheerenden Zerstörungen im Zweiten Weltkrieg hat sich das Gesicht dieser heute von Kommerz geprägten Straße völlig geändert. Gleichwohl befindet sich hier und in der unmittelbaren Umgebung das kunst- und architekturgeschichtlich bedeutsame **„barocke Dreieck"** mit der Dominikanerkirche 9, dem Erbdrostenhof 10 und der Clemenskirche 11.

In der Pflasterung der Salzstraße erinnern Wappen und in Messing eingefasste **Steine aus Hansestädten** daran, dass einst auch Münster zu diesem Handelsbündnis aus rund 200 Städten gehörte.

› Bus 1, 14 (Haltestelle Prinzipalmarkt), Bus 2, 10, 12, 13, 22 (Haltestelle Klemensstraße)

9 Dominikanerkirche ★★ [E4]

Die Kuppel der Dominikanerkirche überragt die Gebäude der Salzstraße und doch geht die **barocke Sandsteinfassade** fast im geschäftigen Trubel unter. Dabei stände die Kirche auch einer römischen Piazza gut zu Gesicht, denn der Architekt Lambert von Corfey ließ sich beim Entwurf der Kirche von der italienischen und französischen Architektur inspirieren. Von dem ehemaligen Gebäude des Konvents, der sich einst unmittelbar an die Kirche anschloss, ist heute nur eine Fassade am Westportal der Kirche erhalten.

Lange konnten die Ordensbrüder des heiligen Dominik ihre Kirche und ihren Konvent nicht nutzen. Denn schon 1804, nur knapp 80 Jahre nach der Kirchenweihe, gaben die Dominikaner ihre Kirche und ihr Kloster an den Minoritenorden ab, dessen eigene Kirche in der Neubrückenstraße 27

EXTRATIPP

Hot Dog Station Münster

In einer schmalen Seitenstraße der Salzstraße bietet die Hot Dog Station eine große Auswahl unterschiedlicher Hot Dogs – von der einfachen Wurst im Brötchen über das Cincinnati Chilli Hot Dog bis zum John Wayne's Bacon & Eggs Hot Dog.

134 [E3] **Hot Dog Station,** Bolandsgasse 4, geöffnet: Mo–Fr 11–19.30 Uhr, Sa 11–18 Uhr

nach der Besetzung Münsters durch die Franzosen als Kaserne herhalten musste. Schon 1811 wurde jedoch auch das Kloster der Minoriten aufgehoben und ab 1826 diente die Dominikanerkirche als Waffenlager. 1881 erwarb die Stadt die Kirche und stellte sie zunächst einem Kaufmann als Warenlager, dann dem Städtischen Realgymnasium als Schulkirche zur Verfügung. Nach Kriegszerstörung und Wiederaufbau wird die Kirche heute als **katholische Universitätskirche** genutzt und bietet einen Ort der Stille inmitten der geschäftigen Stadt.

Das **Innere des Gotteshauses** ist vergleichsweise nüchtern gehalten. Der Chorraum mit dem barocken Hochaltar ist durch eine Mauer abgetrennt, was an die frühere Verwendung als Konventkirche erinnert. Der Hochaltar wurde im späten 17. Jahrhundert von Heinrich Gröne für die Gaukirche in Paderborn geschaffen. Erst 1903 wurde er nach Münster gebracht und an seinem jetzigen Ort aufgestellt.

In der Gruft der Kirche liegt auch ihr Baumeister, Lambert von Corfey, begraben. Das Epitaph für den Architekten entwarf sein berühmter Schüler Johann Conrad Schlaun, der die Stadt Münster mit seinen Bauwerken prägte.

Auf dem Platz zwischen der Dominikanerkirche und Karstadt steht

Meister des Barocks – der Architekt Johann Conrad Schlaun

Johann Conrad Schlaun (1695-1773) zählt zu den bedeutendsten Architekten im Münsterland und gilt als hervorragender Vertreter der spätbarocken Architektur. Als Landingenieur und Generalmajor im Dienste des Münsteraner Fürstbischofs entwarf er zahlreiche Gebäude. Inspiriert wurde er dabei vor allem von seinen Reisen nach Italien, Frankreich und Süddeutschland, die er zwischen 1722 und 1742 mehrfach unternahm. Unter anderem gehen die Clemenskirche 11, *der Erbdrostenhof* 10 *und das Schloss* 29 *auf seine Pläne zurück. Durch seinen Einfallsreichtum konnte er auch schwierige Situationen meisterhaft lösen. Geschwungene Fassaden und der geschickte Wechsel von Back- und Sandstein wurden zu seinem Markenzeichen.*

034ms Abb.: cg

⟩ *Am Schloss erinnert diese Tafel an Johann Conrad Schlaun*

035ms Abb.: Presseamt Münster / Angelika Klauser

ein **Windspiel:** Hoch über der Straße drehen sich Plastiken des Künstlers **Tomitaro Nachi**, die wegen ihrer Form im Volksmund als „Fliegende Bananen" bezeichnet werden. Sie stehen für den bewegten Austausch der Stadt Münster mit ihren Partnerstädten. In einer Windrose auf dem Boden sind Richtung und Entfernung der Münsteraner Partnerstädte angegeben.

› Salzstraße 10, Bus 1, 14 (Haltestelle Prinzipalmarkt), Bus 2, 10, 11, 12, 13, 22 (Haltestelle Klemensstraße)

10 Erbdrostenhof ★★★ [F4]

Der Erbdrostenhof ist ein barockes Meisterstück des Architekten Johann Conrad Schlaun. Schon bei seiner Fertigstellung 1757 war der Erbdrostenhof mit seiner geschwungenen und reich verzierten Fassade das prächtigste Adelspalais in Münster.

Der Bauherr dieses Palais war **Adolph Heidenreich Freiherr von Droste Vischering.** Als Erbdroste hatte er das Amt des obersten Verwaltungsbeamten im Fürstbistum Münster inne. Seinem hohen Rang entsprechend hatte er sich eine dreiflügelige Stadtresidenz gewünscht, doch auf dem zur Verfügung stehenden Grundstück ließen sich diese Pläne kaum verwirklichen. Der Architekt Johann Conrad Schlaun entwickelte daher einen genialen Plan: Er setzte das Gebäude diagonal auf das Grundstück und deutete die Flügel durch eine **geschwungene Fassade** an, die durch den **Wechsel von Sand- und Backsteinen** gegliedert wird.

Den Mittelrisalit krönt das **Allianzwappen** der Familie Droste zu Vischering und der Familie seiner bereits 1754 verstorbenen Ehefrau, Antonette von Ascheberg. Unter den Balkonen sind die zwölf **Monate** des Jahres in Allegorien dargestellt – von links nach rechts folgen sie dem Jahreslauf. So stehen Karnevalssymbole für den Februar, Kirschen und Gartenschere verweisen auf den Juni und der November wird durch Mettwürste symbolisiert, die in Westfalen zum herbstlichen Grünkohlessen gehören.

Der Erbdrostenhof mit seiner geschwungenen Fassade ist ein Meisterwerk von Johann Conrad Schlaun

Bei seiner Fertigstellung im Jahre 1757 war der Erbdrostenhof das prächtigste Gebäude der Stadt. Schon bei der Planung hatten Bauherr und Architekt allerdings nicht nur im Sinn, dem Erbdrosten eine prunkvolle Stadtresidenz zu schaffen. Vielmehr sollte der gesamte Ostflügel auch als überaus noble **Gästewohnung** genutzt werden können, denn man erwartete keinen geringeren Gast als den **Fürstbischof von Münster.** Ein Schloss gab es in Münster noch nicht und so residierte der Landesherr, der im 17. und 18. Jahrhundert oft in Personalunion auch Erzbischof von Köln war, lieber im rheinländischen Brühl oder auf Schloss Clemenswerth im Emsland. Falls er doch einmal nach Münster kam, sollte der Erbdrostenhof zum „Residenz-Ersatz“ werden.

Zunächst aber kamen andere Gäste, denn der Bau des Erbdrostenhofs fiel in bewegte Zeiten: In Europa tobte der Siebenjährige Krieg. Als wichtige Festung zwischen Rhein und Weser wurde Münster zunächst von den Franzosen besetzt. Noch 1757 bezog der französische **Marschall d'Estrées** den Erbdrostenhof und richtete hier sein Hauptquartier ein. Fortan wurden hier glänzende Feste gefeiert: „Montag Ball general masque auffen Hoffsaal, mitwochen Souppe und darauff Ball prive im Quartier des Hertzogs Ferdinand beym H. v. Erbdrosten und am sambstag abends von 6 bis 9 Uhr Concert“, liest man in der Kriegschronik. Zwei Jahre später wiederum wählte **Herzog Ferdinand von Braunschweig** den Erbdrostenhof zum Hauptquartier, nachdem seine Truppen die Stadt eingenommen hatten.

Im **Zweiten Weltkrieg** wurde das Gebäude durch Luftangriffe schwer beschädigt. Der Wiederaufbau begann 1948 und wurde erst 1985 vorläufig abgeschlossen. Noch immer fehlen vier große Attikafiguren, die einst den Mittelrisalit zierten.

Das **Prunkstück** des Erbdrostenhofs, der zwei Stockwerke hohe, reich verzierte und bemalte **Festsaal,** ist nur zu besonderen Anlässen zugänglich. Dazu zählen z. B. die Erbdrostenhofkonzerte, die das Theater Münster (26) veranstaltet, und die Konzertreihe „Chapeau Classique“ mit jungen Virtuosen (www.chapeau-classique.de).

› Salzstraße 38, Bus 2, 10, 11, 12, 13, 22 (Haltestelle Klemensstraße), Bus 11, 22 (Haltestelle Servatiiplatz)

(11) Clemenskirche ★★★ [E4]

Nur wenige Meter vom Erbdrostenhof entfernt, etwas abseits des geschäftigen Treibens auf der Salzstraße, schließt die Clemenskirche das „barocke Dreieck“ ab. In den Jahren 1745 bis 1753 schuf Johann Conrad Schlaun mit diesem Gotteshaus die bedeutendste Barockkirche Norddeutschlands. Die Innenausstattung erfolgte nach dem Tod des Architekten im überaus reichen Rokoko und vermag heute noch die Besucher in Staunen zu versetzen – nicht von ungefähr ist die Clemenskirche ein beliebter Ort, um zu heiraten.

Die Kirche wurde vom **Fürstbischof Clemens August von Bayern** aus dem Hause Wittelsbach in Auftrag gegeben und so ist es kein Zufall, dass diese Kirche an süddeutsche Sakralbauten erinnert. Am Wappen des Bischofs, das über dem Portal prangt, sind die bayerischen Rauten zu er-

Ein Kleinod in Münster: die barocke Clemenskirche

kennen, im Inneren erstrahlen die Säulen neben dem Altar im Blau der Wittelsbacher – eben jener Farbe, die heute noch auf den bayerischen Fahnen zu finden ist.

Das **Bildprogramm** im Innenraum wird vom Martyrium und der Himmelfahrt des Namenspatrons, des heiligen Clemens aus dem 2. Jahrhundert, bestimmt. Das Altarbild zeigt, wie Clemens an einen Anker gebunden und ertränkt wird. An der Decke ist seine Himmelfahrt zu sehen. Gottvater, Jesus und Maria, Noah, Moses, der heilige Nikolaus und nicht weniger als 250 weitere Heilige empfangen den heiligen Clemens im Himmel.

Heute ist die Kirche ein **freistehendes Gebäude**, dessen Bezug zur Umgebung seltsam unbestimmt bleibt. Tatsächlich schlossen sich an den Kirchenbau einst die Flügel eines Hospitals an, das ebenfalls vom Fürstbischof Clemens August von Bayern gestiftet worden war. Der frühere Grundriss ist auf einer in den Boden eingelassenen Tafel vor der Clemenskirche dargestellt. Das Hospital, das bald den Namen **Clemenshospital** trug, war die erste Einrichtung in Münster, in der kranke Menschen nicht nur gepflegt, sondern auch medizinisch betreut wurden.

1820 übernahmen die „Barmherzigen Schwestern von der allerseligsten Jungfrau und schmerzhaften Mutter Maria" das Hospital, die im Volksmund schon bald als **Clemensschwestern** bezeichnet wurden. Nach der berühmtesten Clemensschwester ist auch der Platz an der Clemenskirche benannt: **Maria Euthymia.** Im Zweiten Weltkrieg pflegte sie schwerkranke Kriegsgefangene und wurde 2001 selig gesprochen. Wenige Meter von der Clemenskirche entfernt befindet sich in der heutigen Raphaelsklinik eine sehr sehenswerte Gedenkstätte, die an Leben und Wirken Maria Euthymias erinnert (s. S. 35).

036ms Abb.: Presseamt Münster / Angelika Klauser

Im Zweiten Weltkrieg wurden Kirche und Hospital zerstört. Beim Bombenangriff am 10. Oktober 1943 verloren 50 Schwestern ihr Leben. Nur die Kirche wurde wieder aufgebaut. Das Clemenshospital fand einen neuen Standort im Süden der Stadt.

Hinter der Kirche lädt heute ein **barocker Garten** zur Ruhepause ein. Zurück auf der Salzstraße, gelangt man dann vorbei am traditionellen **Café Grotemeyer** (s. S. 29) zum **Stadtmuseum** (s. S. 38), das im ehemaligen Kaufhaus Rawe untergebracht ist. Von diesem ältesten Kaufhaus der Stadt ist nur die stark gegliederte Fassade erhalten.

› An der Clemenskirche, Bus 2, 10, 11, 12, 13, 22 (Haltestelle Klemensstraße)

037ms Abb.: cg

⑫ Alter Steinweg und Kiffe-Pavillon ★★ [E3]

Gegenüber dem Haupteingang des Erbdrostenhofs ⑩ trifft der Alte Steinweg auf die Salzstraße ⑧. Während die heute so belebte Salzstraße lange Zeit nichts weiter als ein Feldweg war, handelte es sich beim Alten Steinweg ab dem 10. Jahrhundert um eine **wichtige Handelsstraße**, in der sich im 17. und 18. Jahrhundert viele Adlige ihre Winterresidenzen errichten ließen. Von der einstigen Pracht ist bis auf das Krameramtshaus ⑭ aber kaum etwas erhalten. Heute dominieren nüchterne Nachkriegsgebäude und ein modernes Parkhaus die Straße, doch zwei Bauwerke – der Kiffe-Pavillon und die Stadtbücherei ⑬ – gehören zu dem Besten, was die moderne Nachkriegsarchitektur in Münster geschaffen hat.

Den Platz vor dem Erbdrostenhof nennt der Volksmund übrigens noch heute **„Heulende Kurve"**, denn als von 1901 bis 1954 in Münster die Straßenbahn verkehrte, wurde die Linie 1 hier in einer engen Kurve vom Alten Steinweg zur Salzstraße geführt. Wenn die Bahn diese Kurve durchfuhr, heulten die Räder laut. Auch die Kneipe zur „Heulenden Kurve" ist zwar längst verschwunden, doch am Kneipenschild des „Bunten Vogels" ist noch immer eine Straßenbahn zu sehen.

Der **Kiffe-Pavillon**, errichtet in den Jahren 1953 bis 1955, ist einer der wenigen Bauten in Münster, die ganz der **sachlich-modernen Nachkriegsarchitektur** verpflichtet sind. Für das Autohaus Fritz Kiffe entwarf der Architekt **Hans Walter Rüschenschmidt** eine Ausstellungshalle, deren Trägerkonstruktion im Inneren verschwindet. Die durchgehende Fensterfront ist nur von zarten goldeloxierten Leichtmetallrahmen unterbrochen, die die Fenster halten. **Leichtigkeit** und **Transparenz** prägen das Gebäude.

Bis 1982 diente der Pavillon als Ausstellungshalle für Autos. Als die Halle darauf für andere Geschäfte genutzt wurde, wurde ein Zwischengeschoss eingezogen, das den leichten und transparenten Gesamteindruck deutlich schmälerte. 2009/2010 erfolgte eine umfangreiche Sanierung des Gebäudes, bei der wenigstens ein Teil des Zwischengeschosses zurückgebaut wurde. Seither ist auch wieder eine nächtliche Beleuchtung der Dachkonstruktion installiert, die jener Illumination nicht unähnlich ist, die schon in den 1950er-Jahren für Furore sorgte.

› Alter Steinweg 15/16, Bus 1, 14 (Haltestelle Prinzipalmarkt), Bus 1, 5, 6, 7, 8, 9, 14, 15, 16, 17 (Haltestelle Altstadt/Bült)

Noch heute erinnert ein Kneipenschild an die „Heulende Kurve"

⑬ Stadtbücherei ★★★ [E3]

Gleich neben dem Kiffe-Pavillon ⑫ befindet sich die Stadtbücherei. Sie wurde von dem Architektenehepaar **Julia Bolles-Wilson** und **Peter Wilson** entworfen und rechtzeitig zum 1200-jährigen Jubiläum der Stadt 1993 fertiggestellt. Als hervorragendes Beispiel moderner Architektur überrascht der **postmoderne Bau** mit seinen beiden Baukörpern, die immer wieder neue Blickrichtungen und Raumbezüge ermöglichen. Die **Gasse** in der Mitte liegt genau in der Verlängerung des Kirchenschiffes der Lambertikirche ⑦ und gibt vom Bült und der Mauritzstraße den Blick auf den Kirchturm frei. Mit diesem Kunstgriff steht dem alten Stadtbild kein monolithischer Block gegenüber, sondern eine lockere Architektur, die Vergangenheit und Gegenwart miteinander verbindet. Die Sensibilität für das historische Umfeld hat international große Beachtung gefunden. Am Ende der Gasse zwischen den Gebäudeteilen steht die acht Meter hohe Statue „**Überfrau**“ des New Yorker Künstlers Tom Otterness.

Auch im **Inneren** des Gebäudes ergeben sich immer wieder neue Ein- und Ausblicke. Die Architektur gleicht damit sozusagen einem guten Buch, das sich erst nach und nach erschließen lässt. Fast 300.000 Bände können in der Stadtbücherei und ihren Filialen in den Stadtteilen ausgeliehen werden – unter anderem befindet sich hier auch eine hervorragende Sammlung von Literatur zur Stadt Münster und ihrer Geschichte.

› Alter Steinweg 11, www.muenster.de/stadt/buecherei, Bus 1, 14 (Haltestelle Prinzipalmarkt), Bus 1, 5, 6, 7, 8, 9, 14, 15, 16, 17 (Haltestelle Altstadt/Bült), geöffnet: Mo–Fr 10–19 Uhr, Sa 10–18 Uhr

300.000 Bücher befinden sich in der modernen Stadtbücherei

038ms Abb.: cg

14 Krameramtshaus ★★ [E3]

Das Krameramtshaus hinter der Lambertikirche am Alten Steinweg erinnert an die kaufmännischen Ursprünge der Stadtwerdung. Die **Kramer** waren Einzelhändler, die über das Alleinrecht zum Verkauf von Gewürzen, Seide, Honig, Nadeln, Spiegeln und vieler anderer Waren verfügten. Als einflussreiche und wohlhabende Gesellschaft beauftragten sie Ende des 16. Jahrhunderts einen unbekannten Baumeister, ein Repräsentations-, Versammlungs- und Lagerhaus zu schaffen. 1589 entstand ein **Meisterwerk der Renaissance** mit prachtvollem, von Fächerrädern gekröntem Staffelgiebel.

039ms Abb.: cg

Während der jahrelangen Verhandlungen zum Westfälischen Frieden von 1648 wohnten die acht **Gesandten der niederländischen Generalstaaten** im Krameramtshaus. Nach einem schon 80(!) Jahre anhaltenden Krieg verhandelten die Niederländer mit Spanien über ihre Unabhängigkeit. Am 15. Mai 1648 wurde schließlich im Rathaus 4 der Frieden beschworen – es war die Geburtsstunde der modernen Niederlande. In Erinnerung daran zog 1995 das **Zentrum für Niederlande-Studien** in das Krameramtshaus ein. Diese universitäre Forschungseinrichtung befasst sich fächerübergreifend mit den Niederlanden und seinen Beziehungen mit Deutschland. Das Krameramtshaus trägt seitdem den Namenszusatz **Haus der Niederlande** (s. S. 36).

Von 1909 bis zur Fertigstellung der benachbarten Stadtbücherei 13 im Jahre 1993 wurde das Gebäude übrigens als Bibliothek genutzt. Daran erinnert noch die Inschrift über der Seitentür: „HABENT SVA FATA LIBELLI" ist dort zu lesen – „Bücher haben ihre eigenen Schicksale".

› Alter Steinweg 6/7, Bus 1, 14 (Haltestelle Prinzipalmarkt), Bus 1, 5, 6, 7, 8, 9, 14, 15, 16, 17 (Haltestelle Altstadt/Bült)

‹ Das Krameramtshaus mit seiner Renaissancefassade aus dem späten 16. Jahrhundert

› Vor allem samstags herrscht auf der Ludgeristraße und in den Münster Arkaden dichtes Gedränge

040ms Abb.: cg

Südliche Altstadt

Mit der Shoppingmall Münster Arkaden, einem Kaufhaus und zahlreichen Einzelhandelsgeschäften ist die Ludgeristraße eine der beliebtesten Einkaufsstraßen der Stadt. Doch es lohnt auch ein Blick nach rechts und links, denn hier sind städtebauliche Überraschungen wie die neue Bebauung der Stubengasse und kleine Kunstwerke zu entdecken. An der Königsstraße schließlich befinden sich einige Überreste feudaler Adelshöfe und die bedeutende Kunstsammlung des Picasso-Museums.

15 Münster Arkaden ★★ [E4]

Seit 2006 sind die **Münster Arkaden** das Wahrzeichen der Ludgeristraße. Auf 26.000 Quadratmetern erstreckt sich der Gebäudekomplex zwischen Ludgeristraße, Rothenburg und Königsstraße. Die moderne Architektur fügt sich gut in die der Altstadt ein. Vor allem der Druffelsche Hof, ein klassizistisches Adelspalais, in dem sich heute das **Picasso-Museum** 19 befindet, ist auf reizvolle Weise in den Komplex einbezogen. Gleichwohl wurden die Münster Arkaden auch stark kritisiert: Viele Münsteraner empfinden das Gebäude als überdimensioniert. Geradezu zerstörerisch dränge es sich in das Stadtbild. Deshalb ließ Martha Rosler das wiederum ebenfalls heftig umstrittene Kunstwerk **„Unsettling the Fragments, Eagle“** („Erschütterung der Fragmente, Adler“, 2007) an der Ecke Rothenburg/Königsstraße vor den Arkaden aufstellen. Mit der Kopie eines Adlers, der eine im Nationalsozialismus errichtete Kaserne schmückte, will die Künstlerin darauf aufmerksam machen, dass diese Form der Ar-

chitektur an die Bauten Albert Speers erinnert. In den Arkaden befinden sich unter anderen ein großer Buchladen, ein Elektrofachmarkt, ein Biosupermarkt, Modegeschäfte und Cafés.

› Ludgeristraße 100, Bus 1, 2, 10, 11, 12, 13, 14, 22 (Haltestelle Picasso-Museum), Bus 2, 10, 11, 12, 13, 22 (Haltestelle Klemensstraße), geöffnet: Mo–Sa 10–20 Uhr, www.arkadenmuenster.de

16 Stubengasse ★★★ [E4]

Von der Ludgeristraße gelangt man durch kleine Seitenstraßen (Klarissengasse und Windthorststraße) schnell zur Stubengasse. Wo sich über Jahrzehnte ein großer, öder Parkplatz und ein Parkhaus befanden, entstand 2009 ein weiteres städtebauliches Highlight, das mehrfach mit Architekturpreisen ausgezeichnet wurde. Auch mit dieser Bebauung haben die Münsteraner nach anfänglicher Skepsis und unverhohlener Kritik ihren Frieden gemacht.

Für die Neugestaltung der Stubengasse legten die Architekten Ernst Kasper und Matthias Fritzen einen mutigen Entwurf vor. Die Stubengasse ist zu einem Platz ausgeweitet, an der östlichen Seite befinden sich **zwei Gebäudekomplexe** mit aufgefächerter Fassade. Die **Fassaden** sind aus hellem Muschelkalk gestaltet und werden durch rote Ziegelsteine und grüne Glasverkleidungen weiter aufgelockert. Leider kann die lockere Architektur nicht verhindern, dass der geräumige Platz selbst etwas karg wirkt. Nur ein großer, denkmalgeschützer Baum spendet im Sommer kühlen Schatten.

Auf der westlichen Seite der Stubengasse hat das **ehemalige Park-**

⌃ Die Stubengasse wartet mit postmoderner Architektur auf

› Am Ende der Ludgeristraße erhebt sich die Ludgerikirche

haus eine grundlegende Wandlung erfahren. Wo einst Autos abgestellt wurden, befinden sich nun ein recht exquisites Möbelgeschäft und ein Fahrradparkhaus, in dem man sein Fahrzeug für einen kleinen Obolus sicher abstellen kann. Bemerkenswert ist die Gestaltung der Gebäudefront. Über der großen, hervorstehenden Fensterfront befinden sich die Balkone mehrerer Stadtwohnungen, die mit einem sieben Meter hohen, goldenen Vorhang verschlossen werden können, um die Bewohner vor Sonne und neugierigen Blicken zu schützen.

Das **Hanse-Carré** am südlichen Ende der Stubengasse ist schließlich ein gelungenes Beispiel für das Wechselspiel zwischen traditioneller Münsteraner Bauweise und moderner Architektur: Auf dem Dach wurden acht Giebelhäuser errichtet, die an die alte Münsteraner Architektur erinnern. Über den Dächern der Stadt verfügen diese Häuser sogar über einen eigenen Garten.

Am nahen Harsewinkelplatz im Süden der Stubengasse überrascht schließlich eines der witzigsten Kunstwerke, das eine der Skulpturenausstellungen in Münster hinterlassen hat: die **Kirschensäule** von Thomas Schütte aus dem Jahre 1987. Auf einer monumentalen Säule steht ein ebenso monumentales, knallrotes Kirschenpaar.

› Bus 2, 10, 11, 12, 13, 22 (Haltestelle Klemensstraße und Raphaelsklinik)

17 Ludgerikirche ★★ [D5]

Am Ende der Ludgeristraße steht die Ludgerikirche. Die Ursprünge des Gotteshauses, das dem heiligen Liudger geweiht ist, gehen auf das 12. Jahrhundert zurück. Damit gehört es zu den ältesten Sakralbauten Westfalens.

042ms Abb.: cg

Die Kirche entstand in der heutigen Form im 15. Jahrhundert nach einem verheerenden Stadtbrand. In der Mitte erhebt sich der markante **Vierungsturm**, an dem sich der **spätgotische Chor** anschließt. Die spätromanischen Westtürme wurden dem Gebäude erst 1875/76 hinzugefügt. An mehreren Stellen findet man den Münsteraner Stadtgründer in der ihm geweihten Kirche. Im Westportal ist ein Tympanon aus dem Jahre 1861 zu sehen, der ihn umgeben von seiner Schwester, der heiligen Heriburg, und dem Sänger Bernlef zeigt, der erblindet war, aber durch ein Wunder, das der heiligen Liudger bewirkte, das Augenlicht zurückerhielt. Auch am rechten Vierungspfeiler und im Hochchor befinden sich Statuen des Heiligen. Im Zelebrationsaltar ist schließlich ein Schrein mit Reliquien Liudgers eingelassen.

Auch diese Kirche wurde im Zweiten Weltkrieg zerstört. Auch das von Heinrich Bäumer geschaffene **Kreuz** im Westende des südlichen Seitenschiffes wurde schwer getroffen. Beide Arme gingen verloren, das Loch im Herzen von Jesus stammt von einem Bombensplitter. So wurde das Kreuz ein eindringliches Mahnmal. Die heutige Inschrift lautet: „Ich habe keine anderen Hände als die Euren."

Edith Stein

Edith Stein wurde am 12. Oktober 1891 als Tochter jüdischer Eltern in Breslau geboren, praktizierte den jüdischen Glauben aber schon als Jugendliche nicht mehr. Sie studierte Philosophie in Breslau, Göttingen und Freiburg, promovierte bei dem Philosophen Edmund Husserl und arbeitete als seine Assistentin. Weil sie jedoch eine Frau war, wurde ihr die Habilitation trotz hervorragender wissenschaftlicher Leistungen verweigert.

1922 trat Edith Stein zum katholischen Glauben über und ließ sich taufen. Sie arbeitete in den zwanziger Jahren als Lehrerin – zunächst an der Mädchenschule St. Magdalena der Dominikanerinnen in Speyer. 1932 kam sie für 17 Monate nach Münster und lehrte als Dozentin am Deutschen Institut für wissenschaftliche Pädagogik.

Nach der Machtübernahme der Nationalsozialisten musste Edith Stein ihre Lehrtätigkeit aufgeben, weil die Leitung des Instituts sich dem Druck der Nationalsozialisten beugte und sie aus dem Lehrkörper ausschloss. Im nationalsozialistischen Deutschland bestand für die gebürtige Jüdin keine Möglichkeit mehr, ihre Lehrtätigkeit fortzusetzen. Stein verwirklichte nun einen Wunsch, den sie schon länger hegte: Sie trat dem Kölner Karmeliterorden bei und nahm 1934 den Ordensnamen Schwester Teresia Benedicta a Cruce an. Nach der Reichspogromnacht am 9. November 1938 floh sie in die Niederlande. Hier wurde Edith Stein am 2. August 1942 von der Gestapo verhaftet und in das Vernichtungslager Auschwitz deportiert, wo sie am 9. August 1942 in der Gaskammer ermordet wurde.

Am 1. Mai 1987 wurde Edith Stein von Papst Johannes Paul II. während seines Deutschlandbesuchs in Köln seliggesprochen. Am 11. Oktober 1998 folgte die Heiligsprechung in Rom. 1999 wurde Edith Stein zur Mitpatronin Europas erklärt.

043ms Abb.: cg

Unter dem Kreuz sind **Gedenktafeln** für Edith Stein (s. S. 86) und Niels Stensen (1638–1686) angebracht, gegenüber dem Kreuz erinnert ein Bild an diese beiden Heiligen. Niels Stensen war Naturwissenschaftler und Weihbischof von Münster. Er wird bis heute für seine Lauterkeit, sein asketisches Leben und sein vorbildliches Wirken als Priester verehrt.

Am Marienplatz neben der Kirche steht eine **Mariensäule**, die manchem Betrachter bekannt vorkommt. Tatsächlich ist sie der Mariendarstellung vor dem Münchener Rathaus nachempfunden. Ebenfalls auf dem Marienplatz installierte der Künstler Huang Yong Ping anlässlich der Skulpturenausstellung 1997 die moderne Skulptur **„100 Arme der Guanyin“**, die sowohl Bezug auf die buddhistische Religion als auch auf das im Krieg beschädigte Kreuz in der Ludgerikirche nimmt.

› Ludgeristraße 27, Bus 1, 2, 3, 4, 7, 9, 10, 11, 12, 13, 15, 16, 22 (Haltestelle Ludgeriplatz)

18 Rund um die Königsstraße ★ [D5]

In der Königsstraße westlich der Ludgeristraße erhält der Besucher Einblick in die Zeit, in der die Adligen des Münsterlandes im Winter in der Stadt in ihren prachtvollen Adelshöfen Quartier nahmen. Leider sind von den zehn Adelshöfen, die einst die Straße säumten, heute nur noch wenige erhalten. Der barocke **Oer'sche Hof** (Königsstraße 42), der 1748 nach Plänen von Johann Conrad Schlaun errichtet wurde, ist besonders schön. In ihm befindet sich das **Kleine Restaurant im Oer'schen Hof** (s. S. 24).

Wenige Meter weiter befindet sich der **Beverfoerder Hof** (Königsstraße 46), von dem jedoch nur ein Seitenflügel erhalten ist. Dennoch kann man noch immer nachvollziehen, welche Pracht sich hier einst entfaltete. Das Gebäude wurde um 1700 vom

Der Heereman'sche Hof in der Königsstraße

045ms Abb.: cg

Architekten Gottfried Laurenz Pictorius geplant, der wenige Jahre später durch den Bau des Schlosses Nordkirchen ㊸ berühmt wurde, das heute als „Westfälisches Versailles" gilt. Der älteste Adelshof mit einer von Hermann tom Ring im Jahre 1546 entworfenen Renaissancefassade ist gleich nebenan zu finden: der **Heereman'sche** Hof (Königsstraße 47), der heute als Sitz des Oberverwaltungsgerichts dient.

Der **Ketteler'sche Hof** überstand den Zweiten Weltkrieg leider nicht. An seiner Stelle wurde in zeitgenössischer Architektur die Formensprache der Adelshöfe aufgenommen. Gegenüber befindet sich schließlich der **Druffel'sche Hof.** Der klassizistische Adelspalast (erbaut 1784–1788) wurde in den Neubau der Münster Arkaden integriert und ist Sitz des **Picasso-Museums** ⑲.

Am Adolph-Kolping-Platz gelangt man zwischen dem Heereman'schen Hof und dem Neubau des Ketteler'schen Hofes nach wenigen Schritten zur versteckten **Aegidiikirche,** einem weiteren Meisterwerk von Johann Conrad Schlaun. Die schöne Schlichtheit der Kirche entspricht dabei ihrer ursprünglichen Funktion, die als Klosterkirche für die Kapuziner errichtet wurde. Die Wandmalereien im Inneren schufen Eduard von Steinle und seine Schüler im Jahre 1857. Geprägt sind die Malereien vom Stil der Nazarener, die in ihrer Kunst eine Rückkehr zur urchristlichen Frömmigkeit propagierten.

St. Aegidii ist die ehemalige Klosterkirche der Kapuziner

Gegenüber der Kirche befinden sich in einem nüchternen Nachkriegsbau weitere Teile des **Oberverwaltungsgerichts** und das **Verfassungsgericht** des Landes Nordrhein-Westfalen. Die zehn Springbrunnen auf dem Platz stehen für die zehn Senate, die das Verwaltungsgericht hatte, als der Platz 1965 angelegt wurde.

Kurz hinter dem Picassoplatz mündet die Königsstraße in die Straße Rothenburg. An dieser Stelle erhebt sich stolz ein **Patrizierhaus** aus dem Jahre 1583 mit einer beeindruckenden Renaissancefassade. Nach Osten führt der Weg zurück zum Prinzipalmarkt ❸, nach Westen gelangt man zum Aegidiimarkt. Unterwegs dorthin führt der Weg am **Geburtshaus** des Zoologen und Zoogründers **Professor Landois** vorbei (Rothenburg 33, s. S. 105). Besonders sehenswert ist die **Weltzeituhr** am Haus Rothenburg 12/13, die der Uhrmacher Wilhelm Nonhoff 1950/1951 schuf. Zum Glockenspiel erscheinen als Figuren die Münsteraner „Originale": der Zoogründer Landois, der Kupferschmied Franz Essink und der Baron Romberg, der vor allem als „Toller Bomberg" bekannt wurde. (s. S. 96).

Der mit rötlichen Kacheln verkleidete Gebäudekomplex **Aegidiimarkt** [D4] wurde 1979 eröffnet. Er umschließt einen geräumigen Innenhof und beherbergt zahlreiche Geschäfte, Restaurants und die Volkshochschule. Als der Aegidiimarkt geplant und gebaut wurde, herrschte der Kalte Krieg und so verwundert es nicht, dass sich unter der dortigen Tiefgarage in 18 Meter Tiefe Münsters größter ABC-Luftschutzbunker befindet, der im Notfall für 3000 Menschen ausgelegt ist. Die Litfasssäulen vor dem Gebäude kaschieren die Belüftungsanlagen für Parkhaus und Bunker.

› Bus 1, 2, 3, 4, 7, 9, 10, 11, 12, 13, 15, 16, 22 (Haltestelle Ludgeriplatz), Bus 1, 2, 10, 11, 12, 13, 14, 22 (Haltestelle Picasso-Museum), Bus 1, 2, 10, 11, 12, 13, 14, 22 (Haltestelle Aegidiimarkt). Die Aegidiikirche ist nur während der Gottesdienstzeit (So 9.30–12 Uhr) geöffnet.

19 Kunstmuseum Pablo Picasso ★★★ [D4]

Das Kunstmuseum Pablo Picasso ist dem namensgebenden spanischen Künstler und seinen Weggefährten und Zeitgenossen gewidmet. Über 800 Grafiken Picassos – u.a. das fast vollständige lithografische Werk des Künstlers –, Werke von Georges Braque, Malerbücher u.a. von Braque, Marc Chagall, Henri Matisse, Joan Miró und Picasso sowie über 100 Grafiken von Chagall gehören zu den Highlights der Sammlung.

In wechselnden Ausstellungen, die durch geschickte Zusammenstellungen oft neue Einblicke in die Kunstgeschichte gewähren, werden verschiedene Aspekte der Kunst des 20. Jahrhunderts thematisiert. Neben den Ausstellungen ist auch das Gebäude selbst beachtenswert. Behutsam wurde der **Druffel'sche Hof,** einer der schönsten klassizistischen Bauten in Münster, in die postmodernen Münster Arkaden integriert. Besonders lohnenswert ist der Blick aus den höheren Stockwerken auf den **Picassoplatz** vor dem Museum. Im Mosaik ergeben die Pflastersteine des Platzes das Konterfei des Künstlers.

› Picassoplatz 1, Buslinie 1, 2, 10, 11, 12, 13, 14, 22 (Haltestelle Picasso-Museum), www.kunstmuseum-picasso-muenster.de, Tel. 4144710, geöffnet: Di–So/Feiertage 10–18 Uhr, Eintritt: 10 €/8 €, Di Studententag: 4 €

Das Picasso-Museum residiert im Druffel'schen Hof

047ms Abb.: cg

048ms Abb.: cg

Westliche Altstadt

Die Entwicklung der Stadt Münster beschränkte sich bereits im 11. Jahrhundert nicht mehr auf die Umgebung des Doms ❶ und der Lambertikirche ❼. Auch im Westen schritt die Stadtwerdung schnell voran. An der Stelle der heutigen Überwasserkirche wurde im Jahre 1040 ein freiweltliches Damenstift gegründet und schon bald entstand um das Stift eine Marktsiedlung. Heute ist die westliche Altstadt mit dem Kuhviertel rund um die Überwasserkirche geprägt von einer Mischung aus gewachsenen Strukturen, moderner Architektur, Einzelhandelsgeschäften, Galerien und Kneipen.

⌃ Die Gasse namens „Spiegelturm" führt zur Überwasserkirche

⓴ Liebfrauen-Überwasserkirche und Diözesanbibliothek ★★★ [D3]

Nicht weit vom Dom entfernt bildet die Liebfrauen-Überwasserkirche mit ihrem markanten Turm den zentralen Punkt der westlichen Altstadt. Den Namen verdankt das Gotteshaus der Aa, dem kleinen Fluss, der sich durch das Stadtgebiet schlängelt. Vom Dom aus betrachtet liegt die Kirche „trans aqua", wie es in den alten, lateinischen Quellen heißt, zu Deutsch: „jenseits" oder auch „über dem Wasser".

Die Liebfrauen-Überwasserkirche wurde im Jahre 1040 mit einer pompösen Feier eingeweiht – zahlreiche Bischöfe, Reichsfürsten und sogar König Heinrich III. nahmen an der Zeremonie teil. Das Gotteshaus war das geistige Zentrum eines zeitgleich gegründeten **freiweltlichen Damenstifts,** das als Bildungs- und Versorgungsstätte für unverheiratete, aristokratische Frauen diente. Besonders klösterlich ging es im Stift jedoch nicht zu. Mehrfach wurde versucht, den Stiftsjungfern strengere, klösterliche Regeln aufzuerlegen, doch erst 1617 wurde das Stift in einen **Benediktinerinnenkonvent** umgewandelt. Am Ende des 18. Jahrhunderts gab es nur noch vier Stiftsdamen, das Stift wurde deshalb 1773 aufgelöst und die verbleibenden Damen abgefunden. Das große Vermögen, das sich im Laufe der Jahrhunderte angesammelt hatte, wurde zum Aufbau der Universität verwendet.

Die heutige **dreischiffige gotische Hallenkirche** stammt aus der zweiten Hälfte des 14. Jahrhunderts, der Turmbau begann 1363 und zog sich vermutlich bis ins 15. Jahrhundert hin. Charakteristisches Zeichen der Überwasserkirche ist die **fehlende Turmspitze.** Sie wurde von den Täufern 1534 herabgestürzt, um auf dem Turm **Kanonen** aufzustellen, die die Stadt gegen die bischöfliche Belagerung verteidigen sollten. Zwar erneuerte man die Kirchturmspitze nach der Zerschlagung des Täuferreiches, doch 1704 riss ein Orkan diese neue Spitze herunter. Man nahm schließlich an, es sei Gottes Wille, diese Kirche ohne Turmspitze zu belassen. Indes hatte sich die Stationierung von Kanonen auf der Kirchturmspitze während der Täuferherrschaft als überaus nützlich erwiesen, sodass die Kanonen auch dort blieben, als die Täuferherrschaft längst niedergeschlagen war. Noch im 17. Jahrhundert wurde vom Kirchturm gegen die bischöflichen Belagerungstruppen von Christoph Bernhard von Galen (s. S. 48) geschossen.

Ebenfalls auffällig ist, dass im Westportal einige Sandsteinfiguren fehlen. Die ursprünglichen, künstlerisch wertvollen Figuren wurden von den Täufern aus dem Portal herausgerissen. Der religiös begründete **Bildersturm,** dem auch zahlreiche andere sakrale Kunstwerke in Münster zum Opfer fielen, diente einem sehr praktischen Zweck. Mit dem so gewonnenen Steinmaterial wurden die Befestigungsanlagen der Stadt an der heutigen Promenade verstärkt. Erst 1898 wurden die Figuren bei Ausgrabungen von Max Geisberg wieder entdeckt – heute befinden sie sich im Landesmuseum (s. S. 37). Zweimal wurden für das Portal neue Figuren geschaffen: Doch nur die vier, die heute im Portal zu sehen sind, überstanden die Zerstörungen im Zweiten Weltkrieg. Die leeren Nischen und ihre wechselvolle Geschichte sind zu einem Mahnmal gegen Gewaltherrschaft und Krieg geworden.

2005 wurde neben der Überwasserkirche die neue **Diözesanbibliothek** errichtet. Der überraschend klare, preisgekrönte Bau setzt sich mit einer Fassade aus Sandsteinquadern, die durch regelmäßige Fensterreihen streng gegliedert wird, von der Umgebung ab. Zugleich schaffen Baukörper und Fassade vielfältige Bezüge und ermöglichen neue Perspektiven auf die umgebenden Gebäude. In Anbetracht der 2000-jährigen Schrifttradition der Kirche widersetzte sich der Architekt Max Dudler bewusst „jeder modischen Verspieltheit", um einen „Ort des Buches von Schönheit und Dauer" zu schaffen.

Der modern und sachlich in hellem Holz gestaltete Lesesaal nimmt die äußere Gestaltung des Gebäudes auf. Hier kann der Bestand von über 700.000 Büchern genutzt werden –

damit ist die Diözesanbibliothek eine der größten Spezialbibliotheken in Deutschland.

› **Liebfrauen-Überwasserkirche,** Überwasserkirchplatz 4, Bus 5, 6 (Haltestelle Kuhviertel), geöffnet: tägl. ab 9 Uhr. Öffnungszeit der **Diözesanbibliothek:** Mo–Fr 9–18 Uhr

Masematte

Als noch die Handwerker, Tagelöhner und Lumpenhändler im Kuhviertel nahe der Überwasserkirche 20 wohnten, bildete sich hier und in anderen ärmeren Vierteln der Stadt ein **eigener Dialekt** heraus: Der Begriff Masematte lehnt sich an das Jiddische „masso umattan“ (Handel, Verhandlungen) an. Die **Masematte-Sprache** verbindet jiddische Elemente mit der Gaunersprache Rotwelsch und der Sprache der Roma und Sinti. Viele Begriffe, die die Münsteraner heute alltäglich im Munde führen, stammen aus der Masematte-Sprache. Hier einige Beispiele:

› *Beis* = Haus
› *beribbeln, beschucken* = bezahlen
› *jovel* = gut
› *kneistern* = schauen
› *Koten* = Kind
› *Leeze* = Fahrrad
› *Lowine* = Bier
› *Patte* = Geldbörse
› *plümpsen* = schwimmen
› *schmusen* = erzählen
› *schovel* = schlecht, mies, gemein
› *Seeger* = Mann

21 Observantenkirche ★ [D2]

Nördlich der Überwasserkirche erhebt sich die kleine Observantenkirche, die 1698 als Klosterkirche für den Orden der Franziskaner-Observanten errichtet wurde. Die **Saalkirche aus Backstein** mit der Sandsteinfassade an der Südseite wirkt vor allem durch ihre Schlichtheit. 1811 wurde der Observantenkonvent säkularisiert und die barocke Ausstattung der Kirche versteigert. Bis zum Ersten Weltkrieg wurde die Kirche als Pferdestall und Kaserne der preußischen Armee genutzt. Nach dem Ersten Weltkrieg lagerte das städtische Theater hier seine Kulissen. Erst nach der Kriegszerstörung im Zweiten Weltkrieg und dem Wiederaufbau wurde die Kirche 1961 als evangelische Universitätskirche wieder ein sakraler Raum.

› Schlaunstraße 3, Bus 5,6 (Haltestelle Kuhviertel)

049ms Abb.: cg

Nach der Säkularisierung diente die Oberservantenkirche u. a. als Pferdestall

Die Universität im Herzen der Stadt

Hinter dem Fürstenberghaus am Domplatz erstreckt sich über die idyllische Niederung der Aa hinaus das innerstädtische Zentrum der Universität. Während die Naturwissenschaftler längst andere Quartiere außerhalb der Altstadt gefunden haben, befinden sich die Philosophische Fakultät, die Theologische Fakultät sowie die Rechts- und Wirtschaftswissenschaften noch immer im Herzen der Stadt.

Heute ist Münster **eine der größten Universitätsstädte Deutschlands**, doch die Geschichte der Universität verlief nicht ohne Brüche. Bereits 1631 hatten Papst Urban VIII. und Kaiser Ferdinand II. der Stadt die Gründungsprivilegien erteilt, doch der **Dreißigjährige Krieg** verhinderte, dass die Universität tatsächlich gegründet wurde. Erst 1773 unternahm der bischöfliche Minister **Franz Freiherr von Fürstenberg** einen neuen, erfolgreichen Versuch. Ausgestattet mit dem Vermögen des aufgelösten Überwasserstifts und des Jesuitenkollegs konnte 1780 der Universitätsbetrieb in den Fakultäten Theologie, Philosophie, Rechtswissenschaft und Medizin aufgenommen werden. Nachdem die **Preußen** 1815 die Macht in Westfalen und im Rheinland übernommen hatten, wurde die Münsteraner Hochschule zugunsten der neugegründeten Universität Bonn zu einer akademischen Lehranstalt herabgestuft, an der fortan nur theologische und philosophische Inhalte unterrichtet wurden. Erst 1902 wurde die Juristische Fakultät neu gegründet und die Lehranstalt durch kaiserlichen Beschluss erneut in den Rang einer Universität erhoben. Als der deutsche **Kaiser Wilhelm II.** 1907 Münster besuchte, erhielt die Universität schließlich ihren heute nicht unumstrittenen Namen „Westfälische Wilhelms-Universität".

Nach und nach wurde die Universität zu einer modernen Hochschule. 1908 durften sich erstmals Frauen zum Studium einschreiben, 1914 wurde die Evangelisch-Theologische Fakultät gegründet, 1925 folgte die Medizinische Fakultät. Nach dem Zweiten Weltkrieg nahmen die Studentenzahlen deutlich zu. Heute gliedert sich die Universität in **15 Fachbereiche**, in denen sich 41.000 Studierende eingeschrieben haben.

22 Fürstenberghaus und Archäologisches Museum ★ [D4]

Das 1958 errichtete Fürstenberghaus am Domplatz ist das Hauptgebäude der **Philosophischen Fakultät** der Westfälischen Wilhelms-Universität. Benannt ist es nach Franz Freiherr von Fürstenberg, der 1773 als bischöflicher Minister die Universität ins Leben rief. Umgeben von den Fahrrädern der Studenten steht auf dem kleinen Platz vor dem Gebäude eine Statue des Universitätsgründers.

In den 1960er-Jahren befand sich im Fürstenberghaus der Hörsaal 1, in dem am 28. Juni 1963 ein neuer Theologieprofessor für Dogmatik und Dogmengeschichte seine Antrittsvorlesung hielt: **Joseph Ratzinger**, der spätere **Papst Benedikt XVI.** Er lehrte bis 1966 in Münster.

Auch das **Archäologische Museum der Universität** ist hier untergebracht. Es präsentiert Kunst und Kunsthandwerk antiker Kulturen ab dem 4. Jahrtausend v. Chr. und versteht sich als forschende Bildungseinrichtung der Universität: Hier werden die neuesten Erkenntnisse archäologischer

Forschung einer breiten Öffentlichkeit zugänglich gemacht.

› **Archäologisches Museum der Westfälischen Wilhelms-Universität,** Domplatz 20–22, Buslinie 1, 2, 10, 11, 12, 13, 14, 22 (Haltestelle Domplatz), Tel. 8325412, www.uni-muenster.de/ArchaeologischesMuseum, geöffnet: Di–So 14–16 Uhr, Eintritt: frei

23 Petrikirche ★★ [D4]

Durch die Jesuitengasse gelangt man vom Fürstenberghaus 22 am Domplatz zur Aa, in deren Niederungen sich weitere wichtige Gebäude der Münsteraner Universität befinden. Schön im Grünen und an der Aa befindet sich zwischen den Universitätsgebäuden die kleine **Petrikirche.** Sie war die Kirche eines Kollegs, das die Jesuiten errichteten, die 1588 nach Münster kamen. Im Zuge der Gegenreformation sollten die **Jesuiten** zum Wiedererstarken des katholischen Glaubens beitragen und ein geordnetes, katholisches Kirchenleben schaffen. Deshalb kümmerten sie sich nicht nur um die Seelsorge, sondern übernahmen auch die bereits um 797 gegründete Domschule, die als **Gymnasium Paulinum** fortgeführt wurde.

KURZ & KNAPP

Die „älteste Schule Deutschlands"

Während das **Gymnasium Paulinum** in Münster mit ziemlicher Sicherheit im Jahr 797 gegründet wurde, ist bis heute nicht eindeutig geklärt, ob das **Carolinum** in Osnabrück früher oder später entstand. Lange Zeit beanspruchten sowohl das Carolinum als auch das Paulinum den Titel „älteste Schule Deutschlands". Seit 2001 wird der Streit nun sportlich ausgetragen: Die **Fußballmannschaften** der beiden Schulen treten gegeneinander an und die Schule, die gewinnt, darf sich ein Jahr lang „älteste Schule Deutschlands" nennen.

Zunächst wurde das Kolleg mit Schulgebäude errichtet, dann wurde 1598 die dazugehörige Petrikirche vollendet. Das heute nicht mehr erhaltene Gebäude des Jesuitenkollegs befand sich im Norden der Kirche, weshalb die **Nordseite** des Gotteshauses am prächtigsten ausgestaltet ist. Das kunstvolle **Renaissanceportal** an dieser Seite bildet eine antike Tempelnische nach. Vor dem Portal befindet sich die Skulptur **„Dolomit zugeschnit-**

050ms Abb.: cg

ten" von Ulrich Rückriem aus dem Jahre 1976. Im Inneren der kleinen Kirche herrscht eine beinahe intime Atmosphäre. Bemerkenswert ist die Empore über den niedrigen Kreuzgewölben der Seitenschiffe.

1773 wurde das Jesuitenkolleg aufgelöst und in die zeitgleich neugegründete Universität überführt. Bis heute dient die Kirche als Schulkirche des Paulinum-Gymnasiums, das nach dem Zweiten Weltkrieg eine neue Bleibe am Stadtgraben nahe der Promenade gefunden hat. Zudem wird die Kirche von der Katholischen Studierenden- und Hochschulgemeinde Münster (KSHG) genutzt. Auch für Hochzeiten ist die Petrikirche ein beliebter Ort.

› Johannisstraße 5, Bus 1, 2, 10, 11, 12, 13, 14, 22 (Haltestelle Domplatz und Aegidiimarkt)

24 Juridicum ★ [C4]

Auf der westlichen Seite der Aa wurde das Juridicum errichtet, das die **juristische Fakultät** und die **Wirtschaftswissenschaftler** der Universität beherbergt. Die Flügel des Komplexes sind quadratisch angelegt und umgeben einen großen Innenhof. Das Gebäude macht einen **wehrhaften Eindruck,** nur die großen Fenster lockern den Gesamteindruck auf. Unweigerlich lässt das 1952 bis 1955 errichtete Haus an NS-Architektur denken, was nicht zuletzt auf die Biografie des Architekten **Hans Malwitz** zurückgeführt werden kann. Vor 1945 war Malwitz Referent in der Bauabteilung des Reichsfinanzministeriums in Berlin und plante unter anderem die „Wehrwissenschaftliche Fakultät" der Technischen Universität Berlin. Nach dem Zweiten Weltkrieg leitete Malwitz das Staatsneubauamt für Universitätsbauten in Münster und zeichnete somit auch für den Neubau des Fürstenberghauses und die Restaurierung des Schlosses verantwortlich.

› Universitätsstraße 10–16, Bus 1, 11, 12, 13, 22 (Haltestelle Krummer Timpen)

◁ Im Zuge der Gegenreformation kamen 1588 die Jesuiten nach Münster und errichteten u.a. die Petrikirche

25 Universitäts- und Landesbibliothek ★ [C3]

Neben dem Juridicum führt eine Freitreppe zur Universitäts- und Landesbibliothek mit ihrem Bestand von rund 2,5 Millionen Büchern. Der ältere Gebäudeteil aus dem Jahr 1973 wirkt nüchtern, zweckmäßig und fast langweilig und würde den Weg gewiss nicht lohnen. Die **Erweiterung** aus den Jahren 2007 bis 2009 aber setzt einen sehenswerten architektonischen Akzent. Besonders bemerkenswert ist die Leuchtschrift, die über der Ecke am Eingang angebracht ist: „**Gehorche keinem**" steht dort in großen, roten Lettern zu lesen. Als der Künstler Babak Saed diesen Schriftzug 2009 installierte, brach eine Welle der Empörung los. Während der Initiator mit diesem Imperativ die Studenten zum selbstständigen Denken auffordern wollte, sahen andere darin einen Aufruf zur Anarchie. Vor allem die benachbarten Theologen störten sich an der Blasphemie. Nur die Germanisten sahen es gelassen – es sei schlicht falsches Deutsch, hieß es. Es müsse heißen: „Gehorche niemandem".

› Krummer Timpen 3, Bus 1, 11, 12, 13, 22 (Haltestelle Krummer Timpen), geöffnet: Mo–Fr 8–24 Uhr, Sa/So 10–18 Uhr

Nördliche Altstadt

26 Theater Münster ★★ [E3]

An der Neubrückenstraße befindet sich das „Theater Münster" – das **Stadttheater.** Das **Große Haus** des Theaters mit 955 Sitzplätzen wurde 1956 fertiggestellt. Dem Architektenteam Harald Deilmann, Max-Clemens von Hausen, Ortwin Rave und Werner Ruhnau ist dabei ein „architektonischer Donnerschlag" gelungen. Denn der erste deutsche Theaterneubau nach dem Zweiten Weltkrieg ist von einer **funktionalen Formensprache** geprägt, die sich gänzlich von der Vorkriegsarchitektur absetzt.

Das Gebäude wurde diagonal auf das Grundstück gesetzt. Über dem niedrigen Foyer erhebt sich das klare, lichtdurchflutete **Treppenhaus,** das den Zuschauerraum umgibt. Darüber ragt der **Bühnenturm** hinaus. Die Treppe am Theatercafé führt hinauf zu einem kleinen **Hof.** Hier ist die alte Gartenfassade des Romberger Hofs integriert, der ab dem Ende des 19. Jahrhunderts als Theater diente. Alt und neu gehen eine beeindruckende Symbiose ein.

051ms Abb.: cg

Erweitert wurden die Spielmöglichkeiten des Theaters durch das 1971 in Sichtbetonweise fertiggestellte **Kleine Haus.** Da eine variable Gestaltung von Bühne und Zuschauerraum möglich ist, können sich die Theatermacher von der frontalen Guckkastenbühne lösen und experimentelle Formen des Theaters ausprobieren.

Die in den Neubau einbezogene Fassade des Romberger Hofs gehörte zum Adelspalais von **Gisbert Freiherr von Romberg,** der zu den Münsteraner Originalen des 19. Jahrhunderts zählt und in Münster gemeinhin als

EXTRATIPP

Kiepenkerl-Denkmal

Im Norden des Domhügels liegt das Kiepenkerl-Viertel mit seinen vielen Gaststätten. Benannt ist das Viertel nach dem **Kiepenkerl-Denkmal** auf dem kleinen Platz zwischen Spiekerhof und Bergstraße, der im Süden vom Spiekerhof und im Osten von der Bergstraße begrenzt wird. Die Kiepenkerle betrieben einst mit einem Korb auf dem Rücken, der sogenannten Kiepe, Handel zwischen Stadt und Umland. Den Bauern auf dem Land brachten sie die Waren und Produkte der Handwerker aus der Stadt, die Stadtbewohner wiederum versorgten sie im Gegenzug mit Lebensmitteln. Manche Nachricht wurde durch die Kiepenkerle verbreitet und auch manche Hochzeit sollen sie eingefädelt haben. Heute sind die Kiepenkerle zum Symbol längst vergangener westfälischer Idylle geworden.

★135 [D3] **Kiepenkerl-Denkmal,** zwischen Spiekerhof und Bergstraße, Bus 6 (Haltestelle Spiekerhof)

„**Toller Bomberg**" bekannt ist. Viele Geschichten ranken sich um das exzentrische Leben des Freiherrn. Einige Episoden aus seinem bunten Treiben hat der Maler Fritz Grotemeyer in einem Bilderzyklus festgehalten, die heute in der Gaststätte Großer Kiepenkerl (s. S. 23) zu sehen sind. Der Schriftsteller Josef Winckler setzte dem „Tollen Bomberg" im gleichnamigen Roman ein literarisches Denkmal und 1957 spielte Hans Albers in der Verfilmung die Titelfigur.

› Neubrückenstraße 63, Bus 7, 8, 9, 17 (Haltestelle Stadttheater), Tel. 5909100, www.theater-muenster.com, Kassenzeiten: Mo–Fr 10–18 Uhr, Sa 10–14 Uhr, Abendkasse eine Stunde vor Beginn der Vorstellung

27 Apostelkirche ★★ [E3]

Gegenüber dem Theater befindet sich auf einer schönen Grünfläche mit altem Baumbestand die Apostelkirche. Sie wurde von 1261 bis 1271 als **Klosterkirche** für die Franziskaner-Minoriten errichtet und war anfangs der heiligen Katharina von Alexandrien geweiht. Im 16. und 17. Jahrhundert wurde das Gebäude erweitert und umgestaltet.

Große Bedeutung kam der Kirche während der Verhandlungen zum **Westfälischen Frieden** (s. S. 69) zu, denn hier nahm der päpstliche Gesandte Fabio Chigi mit seiner Delegation Quartier. Chigi vertrat in den Friedensverhandlungen die Stellung des Papstes und vermittelte zwischen den Kriegsparteien.

Nach Auflösung des Franziskanerklosters zu Beginn des 19. Jahrhunderts wurde die Kirche zunächst zur Kaserne, dann zur Garnisonskirche. **Karl Friedrich Schinkel**, der vor allem in Berlin und Potsdam bleibenden Ruhm als berühmtester Architekt des 19. Jahrhunderts erlangte, war maßgeblich an der Umgestaltung der nunmehr evangelischen Kirche der preußischen Militärgemeinde beteiligt. 1840 wurde die Kirche der evangelischen Zivilgemeinde übergeben, erst 1922 erhielt die Kirche den Namen „Apostelkirche", heute ist sie die **evangelische Hauptkirche** der Stadt.

› Neubrückenstraße 5, Bus 7, 8, 9, 17 (Haltestelle Stadttheater)

◁ Das Theater in Münster war der erste Theaterbau in Deutschland, der nach dem Zweiten Weltkrieg fertiggestellt wurde

Martin Niemöller

Der Theologe und Widerstandskämpfer Martin Niemöller (1892–1984) studierte in den 1920er-Jahren evangelische Theologie in Münster und absolvierte an der Apostelkirche 27 sein Vikariat, bevor er 1924 ordiniert wurde. Weitere sechs Jahre wirkte Niemöller in Münster als Geschäftsführer der Inneren Mission und Mitglied der Stadtverordnetenversammlung. 1931 wurde er zum Pfarrer der Evangelischen Kirchengemeinde Berlin-Dahlem berufen, wo er sich bald dem Pfarrernotbund und der Bekennenden Kirche anschloss. Von 1937 bis zum Ende des Zweiten Weltkriegs war er in den Konzentrationslagern der Nationalsozialisten interniert. Nach dem Krieg wirkte er beim Aufbau der evangelischen Kirche in Deutschland mit.

Promenade und Aasee

28 Promenade ★★★ [E5]

Die Promenade ist einer der schönsten Orte der Stadt. Die autofreie Lindenallee führt auf 4,5 Kilometer Länge einmal um die Altstadt. Für die Fahrradfahrer ist die Promenade eine der wichtigsten Straßen, denn von hier können alle Orte schnell erreicht werden. Mit Schloss und Zwinger, Serviatiiplatz und Engelenschanze führt die Promenade zugleich zu vielen Sehenswürdigkeiten aus der Stadtgeschichte. Und nicht zuletzt finden auch Fußgänger hier Erholung und Ruhe im Grünen.

052ms Abb.: cg

Die Promenade folgt dem Verlauf der ehemaligen Befestigungsanlage, die die Stadt vor feindlichen Angriffen schützen sollte. Es war ein mächtiges Bollwerk – jahrhundertelang galt die Stadt als uneinnehmbar. „So fast äs Mönster", sagte der Volksmund, wenn etwas besonders stabil und widerstandsfähig war. Im **Siebenjährigen Krieg** von 1756 bis 1763 zeigte sich jedoch, dass auch diese Verteidigungsanlage nicht den modernen Kriegstechniken standhalten konnte – gleich mehrfach wurde die Stadt während des Krieges belagert und besetzt. Die Befestigung der Stadt bot keinen Schutz mehr und hatte damit ihre Funktion verloren. Franz Freiherr von Fürstenberg, der als Minister den Fürstbischof Maximilian Friedrich von Königsegg-Rothenfels in Münster vertrat, ließ die Befestigungsanlagen schleifen und an ihrer Stelle die **Lindenallee** anlegen. Während andere Städte nach dem Zweiten Weltkrieg an der Stelle der ehemaligen Befestigungsanlagen teils mehrspurige Autostraßen bauten, entschieden die Münsteraner nach 1945, die Promenade zu erhalten. So legt sich heute ein langer **Grüngürtel** um die Stadt, der mit einigen historischen **Denkmälern** und modernen **Kunstwerken** aufwartet.

‹ Die Promenade führt als grüne Lindenallee rund um die Altstadt

› Das Schloss dient heute als Sitz der Universität

053ms Abb.: cg

29 Schloss und Schlossgarten ★★★ [B3]

An der Stelle der ehemaligen Zitadelle, die Christoph Bernhard von Galen im 17. Jahrhundert errichtet hatte, wurde rund hundert Jahre später das Münsteraner Stadtschloss gebaut. Es ist ein spätes Meisterwerk des Architekten Johann Conrad Schlaun und hätte den Fürstbischöfen eine repräsentative Unterkunft geboten, wenn es nicht erst am Ende des 18. Jahrhunderts fertiggestellt worden wäre – zu spät, um seine eigentliche Funktion erfüllen zu können: Wenige Jahre nach Abschluss der Bauarbeiten wurden die Fürstbischöfe als weltliche Machthaber abgesetzt.

Das Schloss ist eine barocke Dreiflügelanlage mit lang gestrecktem Haupttrakt. Die **Fassade** wird durch den Wechsel von Sand- und Backstein gegliedert und durch den gewölbten Mittelrisalit beherrscht, den eine Laterne mit Fortuna als Wetterfahne krönt. Das **Skulpturenprogramm** thematisiert **Werden und Vergehen**: Am Mittelrisalit sind ein Greis und ein Knabe zu sehen, an den Konsolen werden die Monate, am Mittelrisalit die vier Jahreszeiten in Allegorien dargestellt.

Auf diese prachtvolle Anlage, die den Vergleich mit anderen Schlössern nicht zu scheuen braucht, hatten die Münsteraner lange warten müssen. Jahrhundertelang residierten die **Bischöfe** in wenig repräsentativen Quartieren, wenn sie sich denn überhaupt in Münster aufhielten. Oft waren sie in Personalunion auch Kurfürsten von Köln und so hielten sie lieber im Rheinland als in Münster Hof. Domkapitel, Stadt und Stände drängten deshalb immer wieder auf die Errichtung einer prachtvollen Residenz in Münster.

Erst unter Fürstbischof **Maximilian Friedrich von Königsegg-Rothenfels** wurde **Johann Conrad Schlaun** mit der Planung beauftragt, sodass am 26. August 1767 der Grundstein für das Schloss gelegt werden konnte. Nach 20-jähriger Bauzeit wurde es vollendet, doch die Fertigstellung erlebten weder Bauherr nach Architekt. Nach dem Tod Schlauns übernahm **Wilhelm Ferdinand Lipper** die Bauleitung, doch er konnte nur noch im Innenausbau eigene Akzente setzen. 1784 starb auch Bauherr Max Friedrich und erlebte damit ebenfalls nicht mehr die Fertigstellung. Erst unter seinem Nachfolger **Max Franz von Österreich** wurde das Schloss am 14. Mai 1787 vollendet. Seinen Zweck als fürstbischöfliche Residenz konnte es allerdings nicht mehr erfüllen. Max Franz von Österreich legte keinen Wert auf einen aufwendigen Lebensstil und als zwei Jahre später die Französische Revolution ausbrach, schien sich die höfische Prachtentfaltung ohnehin überholt zu haben. Wenige Jahre später wurde das Fürstbistum schließlich aufgelöst und der Bischof verlor seine weltliche Macht.

Als die **Preußen** 1802 das Fürstbistum besetzten, zogen der Zivilgouverneur Freiherr vom Stein und der militärische Oberbefehlshaber General Blücher ins Schloss ein. Während der **französischen Besetzung** der Stadt (1807 bis 1813) residierte dort der französische Generalgouverneur, dann teilten die neuen preußischen Machthaber das Schloss dem Oberpräsidenten der neuen Provinz Westfalen und dem Kommandierenden General als Dienstwohnung zu.

Kurz vor dem Ende des **Zweiten Weltkriegs** brannte das Gebäude in Folge eines Luftangriffs aus. Nach dem Krieg wurde der Außenbau rekonstruiert und weitgehend wiederhergestellt. Für den Innenraum aber entwickelte **Hans Malwitz** schlichte Formen in Stile der 1950er-Jahre, die sich vor allem an der neuen Nutzung des Gebäudes orientierten: Das Schloss wurde zum **Hauptgebäude der Universität.** In seinem funktionalen Innern erinnert kaum etwas an die Zeit vor der Zerstörung.

Hinter dem Schloss ist der **Schlossgarten** eine grüne Idylle. Mit dem Baubeginn am Gebäude begannen auch die Arbeiten am Garten, dessen Grundriss mit den sternförmigen Wassergräben die ehemalige Zitadelle erkennen lässt. Zunächst als Barockgarten entworfen, wurde die Anlage der Mode des 19. Jahrhunderts folgend in einen Englischen Garten umgewandelt. Bereits 1788 erlaubte Fürstbischof Max Franz von Österreich, der sich ohnehin kaum in „seinem" Schloss aufhielt, den Bürgern, in diesem Park Erholung zu suchen. 1803 wurden der **Botanische Garten** (s. S. 35) angelegt und ein **Restaurant** (s. S. 25) im Schlossgarten eröffnet.

Der **Schlossplatz** vor dem Schloss ist weniger einladend: Der karge, großflächige Parkplatz hat längst die barocke Platzgestaltung, die Schlaun geplant hatte, verdrängt. Seit Jahren wartet das Areal auf eine Umgestaltung. Es gibt Pläne, hier in Zukunft wieder einen barocken Park anzulegen. Große Beachtung in der deutschen Presselandschaft fand die **Diskussion um den Namen** des Platzes, die 2012 sehr vehement geführt wurde. Nach Ratsbeschluss, Bürgerbegehren und Bürgerentscheid wurde der „Hindenburgplatz" in „Schlossplatz" umbenannt.

Ulrike Meinhof

In dem kleinen Haus auf dem Schlossplatz befindet sich der Allgemeine Studentenausschuss (AStA). Dessen wohl bekanntestes Mitglied war die spätere RAF-Terroristin Ulrike Meinhof, die von 1957 bis 1959 in Münster studierte. In der Auseinandersetzung um die atomare Rüstung sammelte sie ihre ersten Erfahrungen in der politischen Auseinandersetzung. Meinhof wurde Sprecherin des Anti-Atomtod-Ausschusses, schrieb Artikel für Studentenzeitungen, organisierte Demonstrationen und ergriff bei Kundgebungen das Wort. Schon hierbei wurde die politische Radikalisierung der jungen Frau sichtbar, die gut zehn Jahre später Gründungsmitglied der RAF (Rote Armee Fraktion) wurde.

Vor dem Schloss, in der Nähe des **südlichen Wachhauses**, das heute als Sitz des Allgemeinen Studentenausschusses dient, befindet sich eine unscheinbare Skulptur, die 1987 von **Richard Artschwager** geschaffen wurde und sich seit 1997 an dieser Stelle befindet. Ein gewöhnlicher Fahrradständer wird künstlerisch überhöht. Die Skulptur ist nicht nur eine Hommage an die „Fahrradhauptstadt" Münster, sondern weist auch darauf hin, dass die Promenade, die hier am Schloss vorbeiführt, wohl die wichtigste Fahrradstraße in Münster ist.

› Schlossplatz 2, Bus 1 (Haltestelle Schlossplatz), Bus 11, 12, 13, 22 (Landgericht)

EXTRATIPP

Wasserbär, Buddenturm und Kreuzschanze

Im nordwestlichen Bereich der Promenade befinden sich mehrere Relikte der alten Befestigungsanlage. Der sogenannte **Wasserbär** (nahe der Kleimannstraße), eine Staumauer mit kleinem Türmchen, diente dazu, den Wasserstand im Stadtgraben zu regulieren, der von der Aa gespeist wurde. Wenige Meter weiter erhebt sich der **Buddenturm** aus dem 12. Jahrhundert. Er ist der einzige noch erhaltene Turm der Stadtbefestigung. Auch an der **Kreuzschanze**, die den Buddenturm umgibt, sind die Grundzüge der Befestigungsanlage mit Gräben und Wallanlagen noch gut zu erkennen. Die Parkanlage schmücken recht versteckt zwei Denkmäler, die an die Schriftstellerin **Annette von Droste-Hülshoff** und den Musikdirektor **Julius Otto Grimm** erinnern.

› Kreuzschanze, Bus 15, 16 (Haltestelle Kreuzschanze)

★136 [C2] **Wasserbär**
★137 [D2] **Buddenturm**
★138 [D2] **Kreuzschanze**

30 Zwinger ★★★ [E2]

Einst war der Zwinger Wehrturm, dann wurde er Gefängnis, Künstlerwohnung und HJ-Heim. Die Nationalsozialisten nutzen ihn als Folter- und Hinrichtungsstätte. Heute ist der Zwinger das wichtigste Mahnmal der Stadt Münster – ein stiller Ort, um der Opfer der nationalsozialistischen Gewaltherrschaft zu gedenken.

Dort, wo die Aa aus der Stadt fließt, wurde Anfang des 16. Jahrhunderts ein **Wehrturm** mit 24 Metern Durchmesser und fast 2 Meter dicken Mauern gebaut – zu seiner Zeit der gewaltigste Bau seiner Art in Deutschland. Eine **Kanonenkugel**, die an der Seite zur Aa in die Außenwand eingemauert ist, sollte die feindlichen Truppen davon überzeugen, dass jeder Beschuss sinnlos sei, weil die Mauern ohnehin standhalten würden. Im Laufe des 18. Jahrhunderts verbesserte sich jedoch die Kriegstechnik, sodass die Befestigungsanlage ihre Funktion verlor. Schon 1732 wurde der Zwinger deshalb von Johann Conrad Schlaun zum **Gefängnis** umgebaut. Die 18 Einzelzellen hatten keine Fenster und so wurden die hier inhaftierten Untersuchungshäftlinge über Wochen in Dunkelhaft gehalten. Bis in die Mitte des 19. Jahrhunderts behielt der Bau seine Funktion, danach übernahm das neue Zuchthaus an der nahen Gartenstraße die Gefangenen.

Um den drohenden Verfall des Zwingers zu verhindern, kaufte die Stadt Münster schließlich das Gebäude und vermietete es 1919 an den aus Berlin stammenden **Maler Friedrich Wilhelm Liel.** Er schuf sich ein geräumiges Atelier, richtete sich häuslich ein und feierte mit seinen Künstlerfreunden rauschende Fes-

054ms Abb.: cg

te. Die Münsteraner Künstlergemeinschaft, der Liel vorstand, gab sich wegen des Zwingers den Namen „Die Schanze“. Diese glanzvolle und friedliche Zeit endete 1935. Der Zwinger wurde zum Heim für die **Hitlerjugend** und in den letzten beiden Kriegsjahren schließlich zum **Gefängnis der Gestapo.** Zwangsarbeiter und Kriegsgefangene wurden hier von den NS-Schergen gefoltert und ermordet.

Heute ist der Zwinger zentrale **Gedenkstätte** für die Opfer des Nationalsozialismus in Münster. Seit 1987 befindet sich hier die Kunstinstallation **„Das gegenläufige Konzert“** von Rebecca Horn: Kleine Hämmer schlagen gegen die Wände, rote Laternen erleuchten die ehemaligen Gefängniszellen und in Innenhof tropft eine Wasseruhr sehr langsam, aber beständig.

Nur wenige Meter abseits der Promenade befindet sich auf der Höhe des Zwingers in einem markanten roten Backsteinbau aus dem Jahre 1853 die **Justizvollzugsanstalt Münster.** Die Pläne für diesen mittlerweile denkmalgeschützten Bau stammen

Der Zwinger erinnert an die Opfer des Nationalsozialismus

von Carl Ferdinand Busse, der auch die Haftanstalt Berlin-Moabit entworfen hatte. Heute ist die Münsteraner Justizvollzugsanstalt der älteste Gefängnisbau in Deutschland, der noch als Gefängnis genutzt wird. Zwar haben die Planungen für einen Neubau außerhalb der Innenstadt begonnen, doch bis zu seiner Realisierung werden noch einige Jahre vergehen.

› **Zwinger**, Lotharinger Str. 10, Bus 7, 8, 9, 17 (Haltestelle Lotharinger Straße), Bus 9, 17 (Haltestelle Neubrückentor), geöffnet: Juni–Sept. So 14–18 Uhr, Eintritt 1,50 €/1 €. Von April bis Oktober finden Führungen durch den Zwinger statt: Jeden 1. Sonntag im Monat um 11 Uhr (Treffpunkt Stadtmuseum, s. S. 38); jeden 3. Do um 20 Uhr (Treffpunkt Zwinger), Eintritt mit Führung: 3 €/2 €.

31 Landesarchiv ★ [F3]

Am Bohlweg, nahe der Stelle, an der die Promenade die Hörsterstraße kreuzt, erhebt sich das **rote Backsteingebäude** des Landesarchivs, das im Stil der Neorenaissance gehalten ist. Es wurde von 1887 bis 1889 errichtet und war das erste Gebäude in Deutschland, das ausschließlich als modernes Archiv dienen sollte. Mit einem **Erweiterungsbau** aus dem Jahren 1973 bis 1976, der sich architektonisch deutlich vom Altbau abgrenzt, dient das Ensemble als Sitz des **Landesarchivs NRW, Abt. Westfalen.** Im Wesentlichen werden hier Unterlagen und Akten aus der ehemaligen Provinz Westfalen und den Regierungsbezirken Arnsberg und Münster aufbewahrt. Nach dem Einsturz des Kölner Stadtarchivs wurde ein großer Teil des Kölner Aktenbestandes ins Landesarchiv nach Münster gebracht und wartet nun auf die umfangreiche Restaurierung.

Wenige Meter weiter erinnert ein **Kriegerdenkmal** in Form des Grabmals von Theoderich des Großen in Ravenna an die Einigungskriege 1864, 1866 und 1870/71. Das Denkmal wurde 1908 von **Bernhard Frydag** geschaffen. Wegen der nackten, in Stein gehauenen Krieger, die die Einigungskriege verherrlichen, wird es von der Bevölkerung längst als „Schinken-Denkmal" verspottet.

› Bohlweg, Bus 3, 4, 7, 8, 9, 17 (Haltestelle Hörstertor)

32 Servatiiplatz ★ [F4]

Am Servatiiplatz erhebt sich das **Iduna-Hochhaus**, das 1960/61 großstädtisches, amerikanisches Flair nach Münster brachte. Orientiert an den Hochhausentwürfen von Walter Gropius und Ludwig Mies van der Rohe, die schon in den 1920er-Jahren für Aufregung gesorgt hatten, entwarf das Architektenteam um Friedrich Wilhelm Kraemer ein elfgeschossiges Hochhaus mit einem vorgelagerten, zweigeschossigen Pavillon. Prägendes Merkmal ist die gerasterte Vorhangsfassade, die dem Iduna-Hochhaus sein charakteristisches Aussehen verleiht.

Auf dem Platz vor dem Hochhaus steht die Skulptur **„Münsters Geschichte von unten"**, die Silke Wagner zur Skulpturenausstellung 2007 geschaffen hat. Überlebensgroß setzt sie **Paul Wulf** ein Denkmal, der 1938 im nationalsozialistischen Deutschland im Alter von 17 Jahren wegen vermeintlich „angeborenem Schwachsinn" zwangssterilisiert wurde. Nach dem Zweiten Weltkrieg trug Wulf maßgeblich zur Aufklärung der NS-Verbrechen bei. Unter anderen deckte er die grausamen Experimente der Zwillingsforschung auf, die der Münsteraner Otmar Freiherr von Verschuer zusammen mit seinem Schüler Josef Mengele, dem Lagerarzt des Vernichtungslagers Auschwitz-Birkenau, durchführte. In mehreren Ausstellungen thematisierte Wulf auch die Ermordung behinderter Menschen, die Verfolgung der Sinti und Roma und vieles mehr. Späte Ehrung erfuhr er 2012, als der Jöttenweg, benannt nach Karl Wilhelm Jötten, der sich im nationalsozialistischen Deutschland für die Zwangssterilisationen eingesetzt hatte, in Paul-Wulf-Weg umbenannt wurde.

› Servatiiplatz, Bus 11, 22 (Haltestelle Servatiiplatz)

055ms Abb.: cg

› *Denkmal für Paul Wulf am Servatiiplatz*

33 Jüdische Synagoge ★★ [E4]

Die jüdische Synagoge befindet sich zwischen Promenade und Klosterstraße. Im 19. Jahrhundert konnten sich erstmals seit Jahrhunderten jüdische Familien dauerhaft in Münster niederlassen. Recht bald entstand auch ein **jüdisches Gemeindeleben** und 1880 wurde an der Klosterstraße eine Synagoge errichtet. In der **Reichspogromnacht** am 9. November 1938 wurde aber auch das Gotteshaus in Münster zerstört und 1941/1942 wurden die Münsteraner Juden in die Konzentrationslager deportiert. Von den rund 700 Juden, die 1933 in der Stadt wohnten, wanderten 264 aus, 247 wurden ermordet. Nur 28 Menschen überlebten die Deportation. Heute gibt es wieder eine kleine jüdische Gemeinde mit rund 800 Mitgliedern. 1961 wurde die neue Synagoge errichtet. Ein Erweiterungsbau wurde 2012 eingeweiht.

› Klosterstraße 8–9, Bus 11, 22 (Haltestelle Servatiiplatz), www.jgms.de. Nicht von innen zu besichtigen.

34 Engelenschanze ★ [E5]

Die Engelenschanze ist eine weitere Stelle, an der die Grundzüge der alten Stadtbefestigung – vor allem die Reste des alten Stadtgrabens – sichtbar werden. Heute sind die Wassergräben in eine **parkähnliche Anlage** einbezogen und bieten eine kleine Idylle am Rande der Altstadt. Auf der Grünfläche steht die Plastik **„Drei fliegende Quadrate"**, deren Aufstellung im Jahre 1975 eine Protestwelle der Münsteraner Bürger auslöste, was schließlich zur Gründung der alle 10 Jahre stattfindenden Skulpturenausstellung führte (s. S. 40). Gegenüber befindet sich in einer neobarock-klassizistischen Villa das **Museum für Lackkunst** (s. S. 38).

Von hier ist es auch nicht weit zum **Bahnhof.** Das gesamte Bahnhofsviertel wurde im Zweiten Weltkrieg stark zerstört und in der frühen Nachkriegszeit in modernem Architekturstil wiederaufgebaut. Zu den architektonischen Highlights zählt die ehemalige **Landwirtschaftskammer** an der Schorlemerstraße im Süden der Engelenschanze, die bereits 1951/1952 von den Architekten Walter Hämer, Werner Ruhnau und Peter Bastian errichtet wurde. Mit den geschwungenen Formen und den vielachsigen Fensterreihen wirkt der Bau transparent und leicht. Die Leichtigkeit wird nicht zuletzt dadurch unterstrichen, dass das Dach zu schweben scheint, weil das Attikageschoss weit zurückgesetzt ist.

› Bus 2, 10, 11, 22 (Haltestelle Engelenschanze)

EXTRATIPP

Zentralfriedhof

Nicht weit von der **Landesbausparkasse** des Architekten Harald Deilmann mit ihrem riesigen Baukörper, der terrassenförmigen Gestaltung und den weißen Brüstungsbändern erreicht man einen Eingang zum Zentralfriedhof, der sich trotz seiner Größe seine Beschaulichkeit bewahren konnte. Hier befindet sich das Grab der Clemensschwester **Maria Euthymia** (s. S. 35). Zu ihrer Seligsprechung wurde im Jahre 2001 eine kleine Kapelle über dem Grab errichtet. Auch der Reichskanzler **Heinrich Brüning** (1885–1970), der Zoogründer **Hermann Landois** (1835–1905) und der FDP-Politiker **Jürgen Möllemann** (1945–2003) liegen hier begraben.

★139 [A4] **Zentralfriedhof,** Bus 14 (Haltestelle Zentralfriedhof)

Professor Landois

An der Westerholt'schen Wiese (zwischen Promenade, Hüfferstraße und Himmelreichallee) befindet sich ein etwa 100 Meter langer Rest der alten Stadtmauer. Auf der anderen Seite der Aa beginnt hier das Gelände, auf dem sich einst der Zoologische Garten von Münster befand, bevor er in den 1970er-Jahren an seinen heutigen Standort auf der Sentruper Höhe am Aasee verlegt wurde. Nur die sogenannte Tuckesburg, das märchenhafte Wohnhaus des Professors Landois, dem Gründer des Zoologischen Gartens, und die Reste des Eulenturms sind vom alten Zoo erhalten.

Hermann Landois, den man in Münster nur Professor Landois nennt, lebte von 1835 bis 1905 in Münster. Da er ein Anhänger Darwins war und dessen Evolutionstheorie befürwortete, wurde Landois vom Priesteramt suspendiert. Er studierte darauf Naturwissenschaften, vornehmlich Zoologie, und wurde Lehrer am Münsteraner Gymnasium Paulinum. Als Zoologieprofessor an der Universität gründete er schließlich den Zoologischen Garten und das Naturkundemuseum (s. S. 37). Für seine Forschungen wurde Landois in der Fachwelt gelobt und geachtet, berühmt wurde er allerdings wegen seines skurrilen Auftretens und seines Einfallsreichtums. Die Tuckesburg am Zoo bewohnte der Professor mit seiner Nichte, seiner Haushälterin und mit seinem Affen Herrn Lehmann, dem Landois regelmäßig Bier zu trinken gab, bis das Tier an einer Alkoholvergiftung starb. Wenig tierfreundlich zeigte sich der Zoodirektor auch, wenn es um die Finanzierung des Zoos ging – um Geld einzunehmen, veranstaltete er Wettkämpfe zwischen Ratten und Hunden. Aus heutiger Sicht weitaus humorvoller waren die selbstgeschriebenen, plattdeutschen Schwänke, die Landois bei den Abendgesellschaften des Zoologischen Gartens aufführen ließ. Schon zu Lebzeiten ließ er sich ein Denkmal setzen, das ihn mit Zylinder, Gehrock und mit einer lange Tabakspfeife zeigt: So kannte man ihn in Münster. Im Zylinder der Statue, die heute im Allwetterzoo 36 steht, befindet sich ein Nistkasten für Vögel. Die Statue müsse, wie Landois sagte, ja schließlich für irgendetwas gut sein.

056ms Abb.: cg

35 Aasee ★★★ [B6]

Am Rande der Altstadt liegt der Aasee inmitten eines 90 ha großen Erholungsgebiets, das 2008 als schönster Park Deutschlands und 2009 als schönster Park Europas ausgezeichnet wurde. Der Aaseepark ist ein Eldorado für Spaziergänger, Jogger, Fahrradfahrer und Wassersportler und auch Kunstliebhaber kommen auf ihre Kosten: Am nordwestlichen Ufer sind viele Skulpturen der alle zehn Jahre stattfindenden Skulpturenausstellung zu entdecken und am südöstlichen Ufer erinnern am Modersohnweg mehrere Gedenktafeln an das Künstlerehepaar Otto Modersohn und Paula Becker-Modersohn. Schließlich laden am südlichen Aasee neben dem Allwetterzoo 36 mit dem Pferdemuseum das Naturkundemuseum mit Planetarium (s. S. 37) und der Mühlenhof (s. S. 38) zum Besuch ein.

1888 sprach sich **Professor Landois**, der Gründer des Münsteraner Zoos, dafür aus, einen **Stausee** anzulegen, um die Altstadt von Münster vor dem Hochwasser der Aa zu schützen, das in den vergangenen Jahrhunderten immer wieder die Stadt überschwemmt hatte. Schon damals hatte der umtriebige Professor zugleich die Verschönerung der Stadt durch eine Parkanlage um den See und das Freizeitvergnügen wie Rudern, Segeln und Schwimmen im Auge. Die Arbeiten begannen aber erst im Frühjahr 1914 und mussten schon bald wegen des Ersten Weltkriegs unterbrochen werden. Auch nach dem Krieg ruhten die Arbeiten am Aasee einige Jahre, bis 1925 eine verheerende Überschwemmung den Bürgern die Notwendigkeit des **Hochwasserschutzes** sehr eindringlich vor Augen führte. 1934 wurde der erste Teil fertiggestellt, der sich bis zur heutigen Torminbrücke erstreckt.

Mit dem Umzug des Zoos an seinen heutigen Standort wurde 1972 bis 1976 der Aasee im Süden der Torminbrücke um das Doppelte erweitert. Heute umfasst er eine Fläche von **40 ha.** Zwei **Segelklubs** und ein **Bootsverleih** stehen Wassersportlern zur Verfügung. Für Fußgänger und Fahrradfahrer führt ein 18 Kilometer verzweigtes Wegenetz durch den Park. Rund eine Stunde sollte der fitte Spaziergänger für eine Umrundung des Aasees auf den Uferwegen einplanen.

Nicht weit von der Altstadt entfernt befindet sich der idyllische Aasee

057ms Abb.: cg

Und so schön der Aaseepark auch ist, ein **Wermutstropfen** bleibt. Weil die Aa auf ihrem Wege zum Aasee durch Gebiete fließt, in denen intensiv Landwirtschaft betrieben wird, und der Aasee selbst nur eine Tiefe von bis zu 2 Metern aufweist, steht es mit der **Wasserqualität** nicht zum Besten. Das **Baden ist daher verboten.**

36 Allwetterzoo ★★ [ai]

Über **2500 Tiere aus fast 300 Arten** kann man im Allwetterzoo Münster hautnah erleben. Alle großen Tierhäuser sind durch **überdachte Gänge** verbunden, die im Sommer Schatten spenden oder auch vor Regen schützen: Die Wetterlage ist also kein Grund, auf einen Besuch im Münsteraner Zoo zu verzichten – daher auch der Name. Neben der ZoORANGerie, wo die Orang-Utans untergebracht sind, ist u. a. der im Sommer 2013 eröffnete Elefantenpark mit über 5000 m² Fläche und mehreren Aussichtspunkten einen Besuch wert. Für junge Gäste gibt es außerdem viele Spielmöglichkeiten, wobei zugleich Wissenswertes über Tierarten und deren Lebenswelten vermittelt wird.

Auf dem Zoogelände befindet sich auch das **Westfälische Pferdemuseum,** das sich in einer modernen Ausstellung der Natur- und Kulturgeschichte des Pferdes widmet. In der Arena Hippomaxx finden regelmäßig Shows und andere Veranstaltungen rund um das Pferd statt.

› **Allwetterzoo Münster,** Sentruper Straße 315, Buslinie 14 (Haltestelle Zoo), Tel. 89040, www.allwetterzoo.de, geöffnet: April-Sept. 9–18 Uhr, März und Okt. 9–17 Uhr, Nov.–Feb. 9–16 Uhr, Eintritt: 14 €/7 €, Kinder unter 3 Jahren frei

› **Westfälisches Pferdemuseum,** Tel. 484270, www.pferdemuseum.de, der Eintritt ist im Ticket für den Allwetterzoo enthalten

EXTRATIPP

Solaaris

Die Attraktionen rund um den Aasee verbindet vom April bis Oktober das Solarschiff Solaaris. Der barrierefrei zugängliche Aluminium-Katamaran kann 68 Fahrgäste aufnehmen und verkehrt stündlich zwischen Aaseeterrassen, Mühlenhof und Zoo/Naturkundemuseum.

• 140 [B5] **Solaaris-Anleger Aaseeterrassen,** www.aaseeschifffahrt.de, April–Oktober: Abfahrt 10–17 Uhr zur vollen Stunde, Abfahrt am Allwetterzoo 36 10.30–17.30 Uhr zur halben Stunde. Eine Rundfahrt (Aaseeterrassen, Mühlenhof und Zoo) kostet 8,50 € (ermäßigt 6 €). Die Rundfahrt kann an allen Anlegestellen unterbrochen werden.

058ms Abb.: cg

Die Bären im Zoo genießen die Frühlingssonne

Sehenswertes in der Umgebung

Die Stadt Münster ist von der **Münsterländer Parklandschaft** mit ihren Äckern, Wiesen, Weiden, Wäldchen und Wallhecken umgeben. Immer wieder führen die Wege an alten Bauernhöfen, beschaulichen Dörfern und Städten vorbei, die mit kleinen, aber auch großen kulturellen Höhepunkten überraschen. Das Münsterland ist vor allem ein wahres **Eldorado für Fahrradfahrer,** denn meist ist die Gegend flach, ohne jedoch langweilig zu werden. Auf einer Länge von 4500 Kilometern führen ausgeschilderte Radwege zu den schönsten Orten des Münsterlandes. Die wenigen „Berge" verdienen diesen Namen kaum, und doch warten unter anderem die **Baumberge** mit einer herrlichen Landschaft auf, in der auch Wanderer auf ihre Kosten kommen.

Auch Freunde des **Pferdesports** werden in Westfalen – das nicht von ungefähr ein Pferd im Wappen führt – glücklich und finden im Münsterland viele Reiterhöfe und ausgeschilderte Reitrouten. **Wassersportler** können mit Kanus die Flussläufe von Ems und Werse erkunden. Und schließlich gibt es in der Münsterländer Parklandschaft eine Reihe von **Golfplätzen.**

› Ausführliche Informationen über die Freizeitangebote im Münsterland hält der Verein Münsterland e. V (www.muensterland-tourismus.de) bereit. Das Service-Center Münsterland ist unter der Info- und Buchungshotline Tel. 0800 9392919 (aus dem deutschen Festnetz kostenlos) erreichbar.

Romantisch – Burg Hülshoff mit Kapelle und Wassergraben

Auf den Spuren Annette von Droste-Hülshoffs

Die Dichterin Annette von Droste-Hülshoff (1797–1848) verbrachte den größten Teil ihres Lebens im Münsterland, das sie in ihrem Werk (z. B. im Gedicht „Der Knabe im Moor") mit sehr eindringlichen Worten beschreibt. Geboren wurde die Dichterin auf der Burg Hülshoff, 1826 bis 1846 wohnte sie im fünf Kilometer entfernten Rüschhaus und noch heute kann der Besucher an beiden Orten in die Lebenswelt der Dichterin eintauchen.

37 Burg Hülshoff ★★

Zwischen dem Münsteraner Stadtteil Roxel und Havixbeck im Kreis Coesfeld erhebt sich das im 18. Jahrhundert in barocker Form umgestaltete Hauptgebäude des **Wasserschlosses** Burg Hülshoff, das aus rotem Backstein und gelbem Sandstein besteht, jener in Münsterland so verbreiteten Kombination. Noch immer sind die Grundzüge der ehemals befestigten Anlage deutlich zu erkennen. Eine Brücke verbindet die Burg mit dem älteren Teil der Befestigungsanlage.

In dieser von einer weitläufigen Parkanlage umgebenen Burg wurde **Annette von Droste-Hülshoff** am 10. Januar 1797 geboren. Fast dreißig Jahre lebte die Dichterin hier, bis im Jahre 1826 ihr Vater starb und ihr Bruder Werner die Burg übernahm. Zusammen mit ihrer Mutter und ihrer Schwester wohnte Annette fortan im nahe gelegenen **Rüschhaus** 38.

Heute befindet sich in der Burg ein **Museum**, das Einblicke in die Lebenswelt des Münsterländischen

Adels gewährt und so auch neue Blicke auf das Leben der Dichterin eröffnet. Für Kunstinteressierte öffnet sonntags die **Galerie von Tanja Kiesewalter** im Park der Burg Hülshoff ihre Türen. Das Atelier der Künstlerin befindet sich wenige hundert Meter entfernt in einem alten Bauernhof. Am Pfingstwochenende und im November finden im Park zudem **Verkaufsausstellungen** und **Märkte** statt, in denen passend zur Jahreszeit Pflanzen und Kunsthandwerkartikel feilgeboten werden.

› **Anfahrt:** Vom Hauptbahnhof in Münster erreicht man die Burg Hülshoff mit dem RegioBus R64 und dem Bus 564 in Richtung Havixbeck (Haltestelle Burg Hülshoff).

› **Burg Hülshoff,** Schonebeck 6, 48329 Havixbeck, Tel. 02534 1052, www.burg-huelshoff.de, geöffnet: April–Okt. 11–18.30 Uhr, Nov. 12–17 Uhr, Eintritt: 5 €/3,50 €, der Eintritt zum Park ist frei

› **Galerie Tanja Kiesewalter,** Tel. 02534 65459, www.tanja-kiesewalter.de, geöffnet: April–Dez. So 12–18 Uhr

EXTRATIPP

Das Münsterland mit dem Rad erkunden

Auf 960 Kilometern führt die **„100 Schlösser Route"** Fahrradfahrer durchs Münsterland und verbindet Schlösser, Burgen und Herrensitze. Genau genommen handelt es sich nicht um eine, sondern um **vier eigenständige Rundkurse** im Norden, Osten, Süden und Westen des Münsterlandes. Durch die Münsterländer Parklandschaft verlaufen die Routen weitgehend fernab stark befahrener Straßen. Ausführliches Informationsmaterial hält der Verein Münsterland e. V. (www.muensterland-tourismus.de) bereit.

059ms Abb.: cg

38 Rüschhaus ★★

Das Rüschhaus bei Münster-Nienberge gehört zu den kleinen **architektonischen Perlen** im Münsterland. In den Jahren 1745 bis 1748 ließ **Johann Conrad Schlaun** das Gebäude als Sommersitz für sich selbst errichten. Meisterhaft kombinierte er einen westfälisch-ländlichen Gräftenhof mit einem feudalen Adelssitz. Ein kleiner **barocker Garten** rundet das Kleinod inmitten westfälischer Landschaft ab.

Auch im Rüschhaus erinnert ein **Museum,** das dem Stadtmuseum Münster (s. S. 38) angeschlossen ist, an die Dichterin **Annette von Droste-Hülshoff,** die hier von 1826 bis 1846 wohnte.

› Am Rüschhaus 81, 48161 Münster, Bus 5 (Haus Rüschhaus), Tel. 02533 1317, http://haus-rueschhaus.de, Eintritt: 5 €/3,50 €. Der Garten des Rüschhauses ist frei zugänglich, eine Besichtigung der Innenräume ist allerdings nur im Rahmen einer Führung möglich. Führungen (Di–So): Mai–Okt. 10–17 Uhr zur vollen Stunde (ausgenommen 13 Uhr), April 11–15 Uhr zur vollen Stunde (ausgenommen 13 Uhr), in der Vor- und Nachsaison nach Vereinbarung.

Das Münsterland

Im östlichen Münsterland, das von kleinteiliger, aber intensiver Landwirtschaft geprägt ist, gibt es viel zu entdecken. Vor allem der Wallfahrtsort Telgte und die Pferdestadt Warendorf lohnen einen Ausflug. Im Norden von Münster locken die Stadt Rheine und das Kloster Bentlage.

39 Wallfahrtsort Telgte ★★

Die kleine Stadt Telgte liegt rund 12 Kilometer von Münster entfernt. Berühmt wurde sie durch die seit 1651 alljährlich stattfindende **Marienwallfahrt** von Osnabrück nach Telgte, die zu den größten Wallfahrten Deutschlands gehört. Bei der **„Schmerzhaften Mutter“** sind die Pilger am Ziel. Die Pieta wurde bereits 1370 geschaffen und befindet sich in der barocken **Wallfahrtskapelle** aus dem 17. Jahrhundert im Herzen der kleinen Stadt. Neben der Kapelle steht die **Propsteikirche St. Clemens.** Die gotische Hallenkirche wurde 1522 bis 1558 errichtet. 1865 bis 1876 wurde das Kirchenschiff um ein Joch verlängert und ein neuer Turm errichtet. In den 1950er-Jahren entstanden schließlich die von Ludwig Baur entworfenen Kirchenfenster. Die Chorfenster stellen Motive der Offenbarung dar, im Langhaus zeigen die Fenster unter anderem die Wappen und Namen jener Gemeinden, die sich traditionell an der Wallfahrt nach Telgte beteiligen.

2011 wurde das **Museum RELiGIO** eröffnet, das aus dem Telgter Heimathaus und dem Telgter Krippenmuseum hervorging. Im Zentrum der modernen und lebendig gestalteten Ausstellung steht die Religiosität der Menschen in Westfalen. Neben der großen Sammlung an Krippen aus mehreren Jahrhunderten und allen Weltregionen ist das Telgter Hungertuch ein Höhepunkt der Ausstellung. Das 7,4 m x 4,4 m große, kunstvoll bestickte Tuch wurde 1623 geschaffen, um in der Fastenzeit den Altarraum der Clemenskirche zu verhüllen.

Weitere Sehenswürdigkeiten wie das Denkmal für den Bischof Christoph Bernhard von Galen und die alte Synagoge werden durch die sogenannte **Kulturspur** verbunden (Infos online unter www.telgte.de). Der mit roten Pflastersteinen markierte Rundweg führt auf 2,5 Kilometern Länge zu rund 30 Sehenswürdigkeiten.

› **Anfahrt:** Telgte ist mit der NordWestBahn vom Münsteraner Hauptbahnhof erreichbar.

141 **RELiGIO – Westfälisches Museum für religiöse Kultur,** Herrenstraße 1–2, 48291 Telgte, Tel. 02504 93120, www.museum-telgte.de, geöffnet: Di–So 11–18 Uhr, Eintritt: 4 €, Kinder und Jugendliche bis 18 Jahre frei

40 Warendorf ★

Rund 14 Kilometer östlich von Telgte und 26 Kilometer von der Münsteraner Innenstadt entfernt liegt die Stadt Warendorf, deren **mittelalterliche Straßen** und Gassen mit ihren historischen Gebäuden den Besucher in längst vergangene Zeiten versetzen. Besonders sehenswert ist der **Marktplatz** mit seinem geschlossenen Ensemble von Gebäuden aus sechs Jahrhunderten.

Warendorf entstand aus einer Siedlung bei einem Übergang über die Ems. Am Handelsweg zwischen den Städten Soest, Dortmund und Osnabrück sowie den Städten an Nord- und Ostsee wurde es zu einem wichtigen **Marktplatz** und um 1200 wurden der Siedlung die Stadtrechte verliehen. Ab dem 16. Jahrhundert kam

Warendorf durch die Herstellung von **Textilien** zu großem Wohlstand, von dem die vom 16. bis zum 18. Jahrhundert errichteten Giebelhäuser am Marktplatz und in den Hauptstraßen noch heute zeugen. Die Qualität des Leinens war unbestritten. Der Große Kurfürst von Brandenburg war sogar so begeistert von dem Warendorfer Tuch, dass er es für das eigene Kurfürstentum zum Vorbild und **Qualitätsmaßstab** machte. Auch die Aussteuer der englischen Königin Victoria bestand zum Teil aus Leinen, das in Warendorf hergestellt war.

Schon von Weitem sichtbar ist der imposante Turm der **St.-Laurentius-Kirche** (Kirchstraße 1). Das Gotteshaus wurde bereits 785 gegründet, um von hier die christliche Missionsarbeit im damals heidnischen Ostmünsterland voranzutreiben. Die heutige gotische, dreischiffige Hallenkirche wurde zu Beginn des 15. Jahrhunderts errichtet, das Westwerk mit dem mächtigen Turm aber erst 1913/1914 angefügt. Das Gnadenbild der **„Glorreichen Jungfrau von Warendorf“** im Inneren wurde 1650 geschaffen. Hundert Jahre später rückte es in den Mittelpunkt der rund um Warendorf sehr stark ausgeprägten **Marienverehrung.** Bis heute nehmen alljährlich Tausende von Menschen an der großen Warendorfer Marienprozession teil.

Nur wenige Minuten Fußweg vom Marktplatz entfernt befindet sich die **Franziskanerkirche** (Klosterstraße 30), die zwischen 1652 bis 1673 errichtet wurde. Die barocke Ausstattung, in der sich schon Anklänge des Klassizismus finden, tritt beinahe bescheiden zurück und setzt doch umso eindrucksvollere Akzente.

Im Warendorfer Stadtteil Freckenhorst steht schließlich ein sehr beeindruckender Kirchenbau: der sog. „Bauerndom“, die **Stiftskirche St. Bonifatius** (Kirchplatz 1) aus dem 12. Jahrhundert. Die Kirche mit nicht weniger als fünf Türmen wurde im Jahre 1129 geweiht und zählt zu den bedeutendsten romanischen Gotteshäusern Westfalens. Sie war das geistliche Zentrum eines freiweltlichen Damenstifts. In der Bebauung und dem Verlauf der Straßen sind

Paul Spiegel (1937–2006)

Der ehemalige Präsident des Zentralrats der Juden in Deutschland, Paul Spiegel, wird am 31. Dezember 1937 in Warendorf geboren. Nach dem Judenpogrom im November 1938 flieht die Familie Spiegel in die belgische Hauptstadt Brüssel. Als Deutschland jedoch im Zweiten Weltkrieg Belgien besetzt, wird die Familie auseinandergerissen. Vater Hugo wird verhaftet und interniert, die Schwester Rosa nach Auschwitz verschleppt und im November 1942 in der Gaskammer ermordet. Während die Mutter in Brüssel bleibt, wird der junge Paul bei einer Bauernfamilie auf dem Lande versteckt. Nach dem Zweiten Weltkrieg erreicht Mutter und Sohn die frohe Nachricht, dass der Vater das Konzentrationslager Dachau überlebt hat. Schon bald kehrt Hugo Spiegel mit seiner Familie nach Warendorf zurück, um hier erneut eine jüdische Gemeinde aufzubauen. Am 7. September 1945 kann in Warendorf der erste jüdische Gottesdienst im Münsterland gefeiert werden. Paul Spiegel lebt bis 1958 in Warendorf. Sein Vater und er sind Ehrenbürger der Stadt. 2006 stirbt Paul Spiegel in Düsseldorf.

noch heute die einstigen Grenzen des Stiftsbezirks sichtbar.

Warendorf ist vor allem auch als **Stadt der Pferde** bekannt. Bereits 1826 genehmigte der preußische König Friedrich Wilhelm III. die Errichtung eines Landgestüts, um die Pferdezucht im Münsterland zu fördern. Heute befindet sich das Gestüt im Besitz des Landes Nordrhein-Westfalen, das sich zu einem bedeutenden Zentrum der Pferdezucht entwickelt hat. Die Pferderasse der Westfalen, die beim Dressur- und Springreiten eingesetzt wird, hat hier in Warendorf ihre Ursprünge. Neben der Zucht wird auch der Reitsport in Warendorf großgeschrieben. Dem Landgestüt ist die Deutsche Reitschule angeschlossen und auch der Dachverband der deutschen Reiter, die Deutsche Reiterliche Vereinigung, sowie das Deutsche Olympiade-Komitee für Reiterei (DOKR) haben in Warendorf ihren Sitz. Es wundert nicht, dass Pferde und Reiter aus Warendorf bei internationalen Wettkämpfen bis hin zu den Olympischen Spielen immer wieder auf den ersten Plätzen landen.

Alljährlich zieht die „Hengstparade" an drei Sonntagen im September/Oktober Tausende von Besuchern an, längst hat sich die Präsentation der Zuchthengste von einer Veranstaltung für Pferdezuchtexperten zu einem großen Volksfest entwickelt. Im August findet zudem die „Symphonie der Hengste" statt: Von einem kompletten Orchester begleitet, zeigen Pferde und Reiter ihre Kunst in der Dressur.

› **Anfahrt:** Nach Warendorf besteht eine Verbindung der NordWestBahn vom Hauptbahnhof Münster

•142 **Nordrhein-Westfälisches Landgestüt,** Sassenberger Straße 11, 48231 Warendorf, www.landgestuet.nrw.de, Tel. 02581 63690. Die Außenanlagen des Landgestüts sind jederzeit frei zugänglich. Während der Dienstzeiten können die Ställe besichtigt werden: Mo–Fr 9–12 Uhr und 14–17 Uhr, Mi 17–18 Uhr, Sa 9–12 Uhr und 17–18 Uhr, So 11–12 Uhr und 17–18 Uhr.

41 Rheine und Kloster Bentlage ★

Im Norden von Münster locken die Stadt Rheine und vor allem das nahe gelegene Kloster Bentlage, in dem sich ein international renommiertes Kulturzentrum befindet, sowie die Saline Gottesgabe im Erholungsgebiet Bentlager Wald zahlreiche Besucher an. **Rheine** ist das kulturelle und wirtschaftliche Zentrum des nördlichen Münsterlandes und entstand im Mittelalter aus einer Marktsiedlung. Wegen der strategisch wertvollen Lage an der **Ems** geriet Rheine immer wieder in kriegerische Auseinandersetzungen. Auch der Dreißigjährige Krieg traf die Stadt schwer – so quartierte General Tilly 1623 hier sein gesamtes Heer ein und später eroberten Preußen und Franzosen die Stadt. Kurz vor dem Ende des Krieges wurde Rheine im Jahre 1647 beinahe vollständig zerstört, als schwedische Truppen die Stadt belagerten und mit glühenden Kanonenkugeln beschossen. Dem dadurch verursachten Stadtbrand fielen 339 Häuser zum Opfer. Im 19. Jahrhundert wurde Rheine schließlich zu einem bedeutenden **Zentrum der Textilindustrie.**

In der **Altstadt** und am **Marktplatz** ist bis heute der mittelalterliche Charakter erhalten geblieben. An der Stelle der **Dionysiuskirche** (An der Stadtkirche 8) ist bereits im Jahre 838 ein erster Kirchenbau bezeugt. Um das Jahr 1400 wurde mit dem Bau der heutigen Kirche begonnen, der Turm wurde 1520 fertiggestellt. Auf der anderen Seite der Ems entstand zwischen 1899 und 1905 die **Antoniusbasilika** (Osnabrücker Str. 34). Das imposante Gebäude entwarf Johannes Franziskus Klomp im Stil eines romanischen Kaiserdoms. 102 Meter ragt der Turm in die Höhe – die Bauherren wollten mit diesem mächtigen sakralen Bauwerk die Industrieanlagen in der Umgebung übertreffen, die sich im 19. Jahrhundert rund um Rheine angesiedelt hatten.

Im Bentlager Wald nahe der Stadt Rheine liegt das **Kloster Bentlage**, ein beliebtes Ausflugsziel für Wanderer, Radfahrer und Kulturfans. 1437 wurde das Kreuzbrüderkloster gegründet. Mehrere Jahrhunderte lebten hier die Ordensbrüder nach der Augustinerregel in Gemeinschaft und Armut. Abgeschirmt von der Außenwelt standen das Leiden Christi und seine Auferstehung im Mittelpunkt von Verehrung und Liturgie. Vom Kreuz, das Symbol für Leiden und Auferstehung Christi ist, rührte auch der Name der Ordensgemeinschaft her. Anfang des 19. Jahrhunderts wurde das Kloster aufgelöst. Das Gebäude diente teils als Adelsresidenz, teilweise war es dem Zerfall anheimgegeben, bis 1978 die Stadt Rheine das Objekt erwarb. Heute befindet sich in den alten Gemäuern ein **Museum** für die Kunst- und Kulturgeschichte Westfalens vom Mittelalter bis zur Gegenwart. Die „Westfälische Galerie" zeigt eine Ausstellung über die Entwicklung der modernen Kunst in Westfalen des 20. Jahrhunderts. Vor allem aber die regelmäßigen Wechselausstellungen mit international renommierten Künstlern haben den guten Ruf des Museums begründet.

Nahe dem Kloster Bentlage befindet sich die **Saline Gottesgabe** im Bentlager Wald. Seit dem 17. Jahrhundert wurde hier Salz gewonnen. Das weiße Gold trug erheblich zum Wohlstand der Umgebung bei. Auf der Salzroute durch den Park rund um die Saline wird die Geschichte der Salzgewinnung erlebbar. Ebenfalls im Bentlager Wald befindet sich der **NaturZoo Rheine.**

› **Anfahrt:** Rheine ist von Münster mit den Regionalzügen der Deutschen Bahn und der Westfalenbahn erreichbar. Der Bentlager Wald mit Kloster Bentlage, der Saline Gottesgabe und dem NaturZoo Rheine wird von der Buslinie C12 angefahren (Haltestelle Saline Tierpark). Ca. 15 Minuten Fußweg.

M 143 **Museum Kloster Bentlage,** Bentlager Weg 130, 48432 Rheine, Tel. 05971 918400, www.kloster-bentlage.de, geöffnet: Di–Sa 14–18 Uhr, So/Fe 10–18 Uhr, Eintritt: 5 €/Ermäßigung für Gruppen, Kinder, Schwerbehinderte und Senioren

•144 **Saline Gottesgabe**

★145 **NaturZoo Rheine,** Salinenstraße 150, Sommer 9–18 Uhr (So/Feiertage bis 19 Uhr), Winter 9 Uhr bis zur Dämmerung, Eintritt: 7,50 €, Kinder (3–17 Jahre) 4 €, ermäßigt 6,50 €

Die schönsten Schlösser und Burgen

Von den unzähligen Schlössern im Münsterland befinden sich die schönsten im Süden von Münster. In Lüdinghausen steht die mittelalterliche Burg Vischering. Das Schloss Nordkirchen wird als „Westfälisches Versailles" bezeichnet.

42 Burg Vischering ★★

Die romantisch anmutende Burg Vischering in Lüdinghausen wurde im Jahre 1271 fertiggestellt und hat bis heute ihren mittelalterlichen Charakter bewahren können. Trotz einiger Umbauten erfüllt die Rundburg mit Zugbrücke, Schießscharten und Wehrgängen noch immer alle Erwartungen, die man seit seiner Kindheit mit einer mittelalterlichen, wehrhaften Burg verbindet. Über Jahrhunderte war sie der Sitz der Familie Droste zu Vischering, die den Erbdrosten, einen hohen Verwaltungsbeamten im Fürstbistum Münster, stellte und im 18. Jahrhundert in Münster auch den **Erbdrostenhof** 10 errichten ließ. Heute befinden sich in der Burg ein Kulturzentrum mit wechselnden Ausstellungen und das **Münsterlandmuseum.** Für die jungen Besucher wurde eine besondere Ausstellung geschaffen, das sog. „Rittermuseum". Mit Spiel und Spaß wird das Leben der Ritter und Knappen im Mittelalter lebendig.

› **Münsterlandmuseum in der Burg Vischering,** Berenbrock 1, 59348 Lüdinghausen, Tel. 02591 79900, www.burg-vischering.de, geöffnet: Di–So 10–13 Uhr und 13.30–17.30 Uhr, Nov.–März bis 16.30 Uhr, Eintritt: 2,50 €/1 €
› **Anfahrt:** Vom Bahnhof Lüdinghausen (Regionalbahn oder Regionalbus S92 vom Münsteraner Hauptbahnhof) ist die Burg Vischering mit dem Taxibus erreichbar. Er kann unter Tel. 01803/504031 oder per Handy unter Tel. 02591/939188 bestellt werden.

060ms Abb.: fotolia.com©Udo Kruse

43 Schloss Nordkirchen ★★

Das prächtigste Schloss des Münsterlandes befindet sich nur wenige Kilometer von Lüdinghausen entfernt in Nordkirchen. Meist wird das Schloss als „**Westfälisches Versailles**" bezeichnet – und das ist keine Übertreibung, denn die Architekten Gottfried Laurenz Pictorius, Peter Pictorius der Jüngere und Johann Conrad Schlaun ließen im Auftrag von Fürstbischof Friedrich Christian von Plettenberg ein **dreiflügliges Schloss** errichten, dass sich an französischen Vorbildern orientierte und ihnen in nichts nachsteht. Mit den viereckigen Gräften (Wassergräben), einem 170 ha großen Park, 8 Kilometer langen Alleen, einem See und vielen barocken Kunstwerken wurde die Anlage von der UNESCO zum **„Gesamtkunstwerk von internationalem Rang"** erklärt. Besonders bemerkenswert ist auch die Schlosskapelle mit ihren einmaligen Deckenmalereien. Heute befindet sich im Schloss die Fachhochschule für Finanzen des Landes Nordrhein-Westfalen, Teile des Gebäudes können jedoch im Rahmen von Führungen besichtigt werden.

› Schloss 1, 59394 Nordkirchen, Tel. 02596 9330, www.schloss.nordkirchen.net, sonn- und feiertags stündlich Führungen: Mai–Sept. 11–17 Uhr, Okt.–Apr. 14–16 Uhr. Die Parkanlage ist ganzjährig frei zugänglich.
› **Anfahrt:** Mit öffentlichen Verkehrsmitteln erreicht man das Schloss Nordkirchen über Ascheberg. Vom Münsteraner Hauptbahnhof besteht eine Busverbindung nach Ascheberg (Bus 341). Von dort fährt der Bus 521 zum Schloss Nordkirchen.

◁ Man nennt Schloss Nordkirchen auch das „Westfälische Versailles"

Praktische Reisetipps

061ms Abb.: cg

An- und Rückreise

Mit dem Auto

Münster ist an die Autobahnen A1 und A43 angeschlossen. Vom **Autobahnkreuz Münster-Süd** (A1 und A43) sowie von der **Abfahrt Münster-Nord** an der A1 ist die Innenstadt schnell erreicht. An den großen Einfahrtsstraßen Albersloher Weg/ Theodor-Scheiwe-Straße, Coesfelder Kreuz/Domagkstraße, Weseler Straße/Autobahnzubringer und an der Hammer Straße/Am Berg Fidel gibt es **Park-and-Ride-Parkplätze** mit Busanbindung in die Stadt.

Mit der Bahn

Münsters **Hauptbahnhof** [F5] ist in das RE-, IC-, EC- und ICE-Netz der Deutschen Bahn AG eingebunden. Seit 2012 hält der private Hamburg-Köln-Express in Münster und regionale Verbindungen werden auch von Privatbahnen bedient. Der Hauptbahnhof ist von der Altstadt fußläufig erreichbar und gut an den öffentlichen Nahverkehr angebunden. Neben dem **Taxistand** am Bahnhof befindet sich die **Radstation**, die Fahrräder vermietet.

› **Deutsche Bahn:** Tel. 0180 6996633, www.bahn.de

Mit dem Flugzeug

Der **Flughafen Münster-Osnabrück** wird von Frankfurt, Berlin, Stuttgart, Nürnberg und München aus angeflogen. Aus dem europäischen Ausland bestehen Flugverbindungen von und nach Wien, London, Paris, Mailand und in die Urlaubsregionen Mallorca, Kanaren und Türkei. Mit Bus oder Taxi ist die Innenstadt von Münster in ungefähr einer halben Stunde erreichbar.

› Bus R51, S50, D50 (einfache Fahrt: 6,60 €), Taxifahrt ca. 40–45 €

Autofahren

Seit dem 1. Januar 2010 ist der Stadtkern innerhalb des Promenadenrings zur **Umweltzone** erklärt worden und darf nur noch von Fahrzeugen mit **gelber oder grüner Umweltplakette** befahren werden.

In der Altstadt gibt es mehrere **Parkplätze** und **Parkhäuser.** Ein Parkleitsystem informiert über die verfügbaren freien Stellplätze. Die Parkgebühren liegen zwischen 0,50 € und 1,50 € für eine halbe Stunde, der Tageshöchstsatz rangiert zwischen 5 € und 15 €.

P146 [F4] **Parkhaus Alter Steinweg,** Alter Steinweg 21

062ms Abb.: cg

- P147 [F6] **Parkhaus Bahnhofstraße,** Von-Steuben-Str. 9
- P148 [G5] **Parkhaus Bremer Platz,** Bremer Platz 44
- P149 [E6] **Parkhaus Engelenschanze,** Engelstr. 49
- P150 [D4] **Parkhaus Münster Arkaden,** Königsstr. 9
- P151 [E4] **Parkhaus Stubengasse,** Loerstraße 16
- P152 [D2] **Parkhaus Theater,** Tibusstr. 18

Für viele auswärtige Autofahrer ist vor allem der dichte **Fahrradverkehr** in Münster ungewohnt. Zwar gilt hier wie überall in Deutschland die Straßenverkehrsordnung, doch man sollte immer mit Radfahrern rechnen, die sich nicht an selbige halten.

Eine Besonderheit in Münster sind zudem die **Fahrradstraßen,** die sich vor allem in Wohngebieten befinden. Diese Straßen sind durch ein Fahrradsymbol auf Schildern und dem Straßenbelag gekennzeichnet. Hier haben Fahrradfahrer Vorrang vor anderen Verkehrsteilnehmern und die Höchstgeschwindigkeit ist auf 30 km/h begrenzt. Bei vielen **Einbahnstraßen** ist auch die Gegenrichtung für Fahrradfahrer freigegeben. Vor zahlreichen **Ampelanlagen** gibt es vor den wartenden Autos genügend Raum für Fahrradfahrer. Um nicht den Unmut der Radler auf sich zu ziehen, sollte sich auch der ortsfremde Autofahrer an die markierten Haltelinien vor den Ampeln halten. Ein absolutes Tabu ist außerdem das Parken auf gekennzeichneten Radwegen.

Der Hauptbahnhof und das Fahrradparkhaus Radstation (s. S. 124)

Stadtmodelle für Sehbehinderte befinden sich an mehreren Orten

Barrierefreies Reisen

Menschen mit Behinderungen können Münster weitgehend auf eigene Faust erkunden. Es gibt keine nennenswerten Steigungen und fast alle **Bordsteinkanten** sind an Übergängen abgesenkt. Auf Straßen, die mit **Kopfsteinpflaster** versehen sind, gibt es an einigen Stellen Furten mit ebener Pflasterung, die das Überqueren erleichtern. Diese Furten sind mit einem **Rollstuhlsymbol** gekennzeichnet.

An mehreren Orten in der Stadt befinden sich bronzene **Tastmodelle mit Blindenschrift,** an denen nicht nur sehbehinderte Menschen einen Eindruck von der Topografie und der Architektur der Stadt gewinnen können.

Ein Großteil der Münsteraner **Ampeln** – zumal an den Hauptverkehrsstraßen – ist mit akustischen Signalgebern für sehbehinderte Menschen ausgestattet. Die meisten öffentlichen Gebäude und Sehenswürdigkeiten sind barrierefrei zugänglich, einen Überblick gibt der **Stadtplan** für Menschen mit Behinderungen, der bei der **Münster Information** (s. S. 119) erhältlich ist oder unter www.muenster.de/stadt/tourismus/barrierefrei.html heruntergeladen werden kann.

063ms Abb.: cg

- **KOMM-Münster,** http://komm-muenster.org. KOMM Münster steht für „Kommunikations- und Orientierungshilfen für mobilitätsbehinderte Menschen“ und ist ein internetbasierter Stadtführer, der Informationen für Menschen mit Behinderungen bereithält. Kernstück ist eine Datenbank, die Informationen über die Zugänglichkeit von Gaststätten, Freizeiteinrichtungen, Arztpraxen, Behörden enthält. Viele Informationen stehen auch zum Download bereit.
- **Zugvogel e. V.,** Achtermannstr. 12, Tel. 9879688, www.muenster.org/zugvogel. Der Verein Zugvogel informiert im Rahmen des sog. Urlaubsservice für Rollstuhlfahrer über Reiseanbieter, Unterkünfte, Freizeitmöglichkeiten oder Pflegedienste. Ein Adressenpool und Reiseberichte helfen bei der Organisation von Urlaubsreisen.

Ein großes Hindernis stellte lange Zeit der **Bahnhof** dar. Seitdem die Verkehrsstation jedoch renoviert und umgestaltet wurde, sind alle Bahnsteige mit Aufzügen und Rolltreppen zu erreichen.

- **Mobilitäts-Servicezentrale der Deutschen Bahn,** tägl. 6–24 Uhr, Tel. 0180 6512512, www.bahn.de/handicap. Nach Voranmeldung (mind. ein Werktag vor Reiseantritt) hilft die Mobilitäts-Servicezentrale der Deutschen Bahn beim Ein-, Um- und Aussteigen.
- **Bahnhofsmission Münster,** Hauptbahnhof (Gleis 12), Mo–Fr 8–20 Uhr, Sa 8–18 Uhr, So/Feiertage 14.30–19 Uhr, Tel. 45802. Spontane Hilfe beim Ein-, Aus- und Umsteigen bietet die Bahnhofsmission an, die auch kurzfristig zu erreichen ist. Neben dem Kundendienstschalter im Bahnhof (Service-Point) befindet sich eine Gegensprechanlage, die mit der Bahnhofsmission verbunden ist.

Diplomatische Vertretungen

- **Österreichisches Honorarkonsulat für Nordrhein-Westfalen,** Königsallee 90, 40212 Düsseldorf, Tel. 0211 13069680, www.austria-nrw.de
- **Schweizerisches Generalkonsulat,** Zeil 5 (5. OG), 60313 Frankfurt a. M., geöffnet: Mo–Fr 9–12 Uhr (oder nach telefonischer Vereinbarung), telefonische Auskünfte: Mo–Do 8–12.30 Uhr und 13.30–17 Uhr, Fr 8–12.30 Uhr und 13.30–15.30 Uhr, Tel. 069 1700280

Münster preiswert

Trotz des hohen Preisniveaus in Münster gibt es auch einige Tipps für einen preiswerten Urlaub:

- *Bei vielen **Museen** in Münster ist der Eintritt frei (s. S. 34).*
- *Im Kunstmuseum Pablo Picasso 19 ist dienstags **Studententag** (erm. Eintritt von 4 €). Lange warb auch das Theater 26 mit dem Studentendienstag. Jetzt hält es aber für Aufführungen an allen Wochentagen ein Kontingent von 20 bis 50 Karten bereit, die für den Einheitspreis von 9 € an Studenten verkauft werden.*
- *Ein kultureller Höhepunkt des Jahres sind die **AaSeerenaden** (s. S. 11) im Juli – die mehrtägige Konzertveranstaltung vor der schönen Kulisse des Aasees ist für jedermann zugänglich. Eintritt wird nicht erhoben.*
- ***Gut und günstig essen** kann man in den verschiedenen **Mensen** der Stadt (s. S. 28).*

Geldfragen

Dass Münster eine vergleichsweise reiche Stadt ist, zeigt sich leider auch im örtlichen Preisniveau. Für den Touristen machen sich hier vor allem die relativ hohen Hotelkosten bemerkbar, aber auch für Fahrkarten mit dem ÖPNV oder beim Eintritt zu Veranstaltungen liegen die Preise leider **etwas über dem westdeutschen Durchschnitt.**

Informationsquellen

Vor der Reise

155 [E4] **Münster Marketing,** Klemensstraße 10, 48143 Münster, Tel. 0251 4922710, www.tourismus.muenster.de. Münster Marketing informiert auf seiner Internetseite, mit Telefonauskünften und dem Versand von Broschüren Besucher bereits vor ihrer Reise über alle wichtigen Themen. Die Informationsstelle gibt Auskunft über Stadt, Kulturangebote und touristische Leistungen. Auch Unterkünfte werden vermittelt.

156 **Münsterland e. V.,** Airportallee 1, 48268 Greven, Tel. 02571 949392, www.muensterland-tourismus.de. Der Verein Münsterland e. V, der von den Kreisen des Münsterlands, der Stadt Münster und zahlreichen Unternehmen getragen wird, hält ebenfalls ein reiches Angebot an Informationen für Besucher bereit. Die Internetseite des Vereins informiert über Orte, Unterkünfte, Fahrrad- und Reitsport sowie kulturelle Höhepunkte. Informationen und Kataloge stehen zum Download bereit, können aber auch per Telefon oder E-Mail bestellt werden. Eine kostenlose Info- und Buchungshotline ist unter der Tel. 0800 9392919 erreichbar.

Touristeninformationen

In der Heinrich-Brüning-Straße inmitten der Stadt und im historischen Rathaus am Prinzipalmarkt hält die **Münster Information** allerlei Wissenswertes über die Stadt, Freizeit- und Kulturangebote bereit.

157 [E4] **Münster Information,** Heinrich-Brüning-Straße 9, Tel. 4922710, Zimmervermittlung Tel. 4922726, www.tourismus.muenster.de, geöffnet: Mo–Fr 10–18 Uhr, Sa 10–13 Uhr

158 [E4] **Münster Information im Historischen Rathaus,** Prinzipalmarkt 10, Tel. 4922724, www.tourismus.muenster.de, geöffnet: Di–Fr 10–17 Uhr, Sa, So/Fe 10–16 Uhr

Veranstaltungs- und Kartenservice

159 [E4] **WN Ticket-Shop,** Prinzipalmarkt 13–14, geöffnet: Mo–Fr 9–18 Uhr, Sa 9–14 Uhr. Der Ticketshop der Westfälischen Nachrichten verkauft Karten für Theateraufführungen, Konzerte und sonstige Veranstaltungen. Telefonische Reservierungen und Buchungen sind leider nicht möglich.

› **www.muenstersche-zeitung.de.** In Zusammenarbeit mit dem Internetportal eventim.de bietet die Münstersche Zeitung auf ihrer Internetseite ein Buchungsportal. Tickets für Veranstaltungen aller Art können online erworben werden.

Die Stadt im Internet

› **www.muenster.de:** Die offizielle Internetseite der Stadt präsentiert eine Fülle an Informationen zu Stadt, Politik, Verwaltung und Tourismus. Sehenswert sind die vielen Fotos zu Münster und der virtuelle Stadtrundgang.

- **www.muensteranerbote.de:** Aktuelle Nachrichten aus Münster und Umgebung.
- **wiki.muenster.org:** Im Stil des großen Internetnachschlagewerkes Wikipedia gibt es auch ein Münster-Wiki, in dem es allerhand Wissenswertes zu entdecken gibt. Die Seite befindet sich noch im Aufbau, sodass das Wiki einige Lücken aufweist.
- **www.stadtpilot.de:** Informationen zu Geschäften, Museen, Restaurants und Veranstaltungen.
- Natürlich wird in Münster auch gebloggt: U. a. gibt es **http://aa-zoo.de** und **http://muenster-blog.de.**

Publikationen und Medien

Die **Westfälischen Nachrichten** und die **Münstersche Zeitung** sind die beiden regionalen Tageszeitungen mit tagesaktuellen Nachrichten aus Politik, Wirtschaft, Gesellschaft und Sport. Elfmal im Jahr erscheint das Lifestyle-Magazin **Münster!** mit aktuellen Berichten, Features und Informationen darüber, was gerade in der Stadt passiert und angesagt ist. Über Termine, aktuelle Veranstaltungen und das Kinoprogramm informieren die kostenlosen Stadtblätter **Na dann, Die Wochenschau** und **Ultimo.** Hier werden auch Kleinanzeigen veröffentlicht.

In der Lokalzeit des Fernsehsenders **WDR** berichtet wochentags das Studio Münster über die wichtigsten Themen der Stadt (Mo–Fr 19.30–20 Uhr). **Antenne Münster** ist ein lokaler, werbefinanzierter Radiosender (Frequenz 95,4).

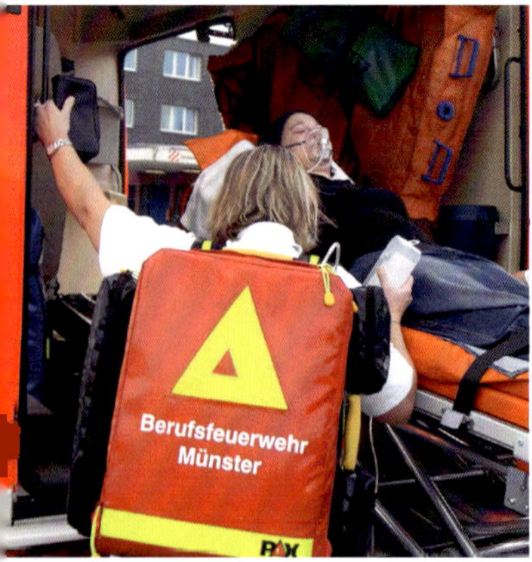

070ms Abb.: Presseamt Münster / Angelika Klauser

Internet und Internetcafés

In der Studentenstadt Münster finden auch **WLAN-Hotspots** immer größere Verbreitung. U.a. stellen das Marktcafé (s.S. 29), das Café Uferlos (s.S. 29) und Café Garbo (s.S. 125) drahtlose Netzwerkverbindungen zur Verfügung.

@160 [G5] **Internet-cafeX,** Wolbecker Straße 35, Tel. 4819922, www.internet-cafex.de und www.cafex.de, geöffnet: tägl. 10–22 Uhr, So/an Feiertagen ab 14 Uhr. Das Internet-cafeX befindet sich in unmittelbarer Nähe des Hauptbahnhofs.

Medizinische Versorgung

161 [cg] **Evangelisches Krankenhaus Johannisstift Münster,** Wichernstraße 8, Buslinie 4, 15, 16, N81 (Haltestelle Nordplatz), Tel. 27060, www.evk-muenster.de

162 [E4] **Raphaelsklinik,** Loerstraße 23, Buslinie 2, 10, 11, 12, 13, 22 (Haltestelle Raphaelsklinik), Tel. 50070, www.raphaelsklinik.de

163 [dh] **St. Franziskus-Hospital,** Hohenzollernring 72, Buslinie 2 und 10 (Haltestelle Hohenzollernring/ Finanzdirektion), Tel. 9350, www.sfh-muenster.de

164 [ah] **Universitätsklinikum Münster – Zentralklinikum,** Albert-Schweitzer-Campus 1, Buslinie 1, 3, 4, 22 (Haltestelle Lukaskirche oder Uni-Klinikum), Tel. 8347528 (Notaufnahme), http://klinikum.uni-muenster.de.

- **Zahnärztlicher Notdienst:** Unter Tel. 0251 1449588 wird der diensthabende Arzt des zahnärztlichen Notdienstes bekanntgegeben.
- **Kinderärztlicher Notfalldienst:** im Clemenshospital, geöffnet: Mo, Di, Do 18–22 Uhr, Mi, Fr 13–21 Uhr, Sa, So, an Feiertagen 8–21 Uhr, anschließend übernehmen Ärzte des Clemenshospitals den Notdienst.

Apotheken

165 [E4] **Adler Apotheke,** Salzstr. 58, Tel. 414710, www.adlerapotheke-muenster.de, geöffnet: Mo–Fr 8–20 Uhr, Sa 8.30–19 Uhr

166 [E4] **Ludgeri Apotheke,** Windthorststraße 68, Tel. 44456, www.ludgeriapotheke.de, geöffnet: Mo–Fr 7.30–20 Uhr, Sa 8–16 Uhr

167 [D3] **Sonnen Apotheke,** Spiekerhof 24, Tel. 44090, geöffnet: Mo–Fr 8–18.30 Uhr, Sa 8.30–13 Uhr

- **Apotheken-Notdienste:** Der Notdienstkalender der Apothekerkammer Westfalen-Lippe hängt an allen Apotheken aus und ist zudem unter der Telefonnummer 08000022833 oder im Internet unter www.apotheken-notdienstkalender.de abrufbar.

Meine Literaturtipps

- *Josef Bergenthal,* ***Münster steckt voller Merkwürdigkeiten*** *(erstmals 1935). Bis heute wird das kleine Buch von Josef Bergenthal immer wieder neu aufgelegt und es wurden bereits 150.000 Exemplare verkauft. Tatsächlich enthält der Text eine noch immer lesenswerte und unterhaltsame Zusammenfassung von Geschichte, Kultur und eben mancher Münsteraner Merkwürdigkeit.*
- *Jürgen Kehrer,* ***Gebrauchsanweisung für Münster und das Münsterland,*** *München 2011. Jürgen Kehrer, der Vater des Münsterkrimis und Erfinder des Privatdetektivs Georg Wilsberg, widmet seine „Gebrauchsanweisung" nahezu allen Bereichen westfälischer Lebenskunst.*
- *Detlef Fischer,* ***Münster von A bis Z*** *(erstmals 2004). Wer sich schnell und zuverlässig über alles Mögliche in Münster informieren möchte, der greift zum Kompendium von Detlef Fischer. Über 1500 Einträge von „Aa" bis „Zwinger" verzeichnet das Buch.*
- *Das Designerduo Lisa Nieschlag und Lars Wentrup schufen mit* ***„Anni kocht in Münster", „Anni backt in Münster"*** *und* ***„Anni kocht für Kinder"*** *eine sehr erfolgreiche Kochbuchreihe. Die professionelle Gestaltung und die gelungene Auswahl der Rezepte laden zum Entdecken der Westfälischen Küche ein.*

Mit Kindern unterwegs

Auch für Kinder hat die Stadt Münster einiges zu bieten. In der Stadtverwaltung gibt es ein Kinderbüro, das Auskünfte und Informationen zu kinderrelevanten Fragen bereithält.

168 [E6] **Kinderbüro Münster – Amt für Kinder, Jugendliche und Familien,** Junkerstraße 1, Tel. 4925109, www.muenster.de/stadt/kinderbuero

Gaststätten

Viele Gaststätten in Münster haben sich auf die Bedürfnisse der jungen Gäste eingestellt. Unter anderem halten folgende Lokale Malutensilien, Spiele oder Kinderbücher bereit, damit es den kleinen Gästen nicht langweilig wird.

- **Klemens im Stadthaus** (s. S. 24)
- **Alter Pulverturm** (s. S. 28)
- **Marktcafé** (s. S. 29)
- **Deckenbrocks Kleiner Kiepenkerl** (s. S. 22)
- **Großer Kiepenkerl** (s. S. 23)
- **Schlossgarten** (s. S. 25): sonntags mit Spielecke
- **Landgasthof Pleister Mühle** (s. S. 23)

Kinderbetreuung

•**169** [E4] **Maxi-Turm,** Stadthausturm, Prinzipalmarkt 15, Tel. 4925555, www.muenster.de/stadt/kinderbuero, geöffnet: Mo–Fr 14–18 Uhr, Sa 10–18 Uhr, geschl.: 2.–5. Woche der großen Ferien. Klettern, spielen und toben können Kinder von 4 bis 10 Jahren im Stadthausturm am Prinzipalmarkt. Bis zu drei Stunden werden sie vom qualifizierten Personal des Maxi-Turms betreut. Kosten pro Kind: 3 €. Eine Anmeldung ist nicht erforderlich.

•**170** [E4] **Maxi Sand,** Syndikatplatz, geöffnet: Mai–Sept. Mo–Sa 11–18 Uhr. Ein Spielplatz mitten in der Stadt: Am Maxi Sand auf dem Syndikatplatz mitten in der City können Kinder bis 6 Jahre nach Herzenslust im Sandkasten buddeln. Für die Betreuung und Aufsicht sind die Eltern selbst verantwortlich.

- **Mukk – Das Kinderkaufhaus** (s. S. 20). Die Betreiber des Kinderkaufhauses Mukk haben eine 100 m² große „Kinderbetreuungsinsel" eingerichtet, auf der sich pädagogisch geschultes Personal um den Nachwuchs kümmert, während die Eltern ihren Einkäufen und sonstigen Erledigungen in der Stadt nachgehen können.

Museen und Zoo

In den Museen der Stadt werden viele Aktionen und Veranstaltungen für Kinder angeboten. Vor allem der **Allwetterzoo** 36, das **Freilichtmuseum Mühlenhof** (s. S. 38) und die speziell für junge Besucher geschaffene Ausstellung in der **Burg Vischering** 42 in Lüdinghausen lassen die Herzen höher schlagen.

Theater

Neben den „normalen" Theatern der Stadt, die ebenfalls Stücke für Kinder und Jugendliche auf die Bühne bringen (s. S. 34), gibt es mit dem Charivari-Puppentheater ein Theater, das sich ausdrücklich an die junge Zielgruppe wendet.

171 [C6] **Charivari Puppentheater,** Körnerstraße 3, Tel. 521500, http://charivari-theater.de

Die Münsteraner nutzten und nutzen ihr Fahrrad nicht nur als Fortbewegungs-, sondern auch als Transportmittel

Notfälle

Notrufnummern und Fundbüro

- **Zentraler Notruf und Feuerwehr:** Tel. 112
- **Polizei:** Tel. 110
- **Ärztlicher Notfalldienst:** Tel. 116117
- **ADAC-Pannenhilfe:** Tel. 0180 2222222
- **Behördenruf:** Tel. 115
- **Fundbüro online:** www.muenster.de/stadt/buergeramt/fundbuero-online.html

Kartenverlust

Bei Verlust der Maestro-(EC-) oder der Kreditkarte gibt es für Kartensperrungen eine **deutsche Zentralnummer** (bitte vor der Reise klären, ob die eigene Bank diesem Notrufsystem angeschlossen ist).

In **Österreich** und der **Schweiz** gibt es keine zentrale Sperrnummer, daher sollten sich Besitzer von in diesen Ländern ausgestellten Maestro-(EC-) oder Kreditkarten vor der Abreise bei ihrem Kreditinstitut über den zuständigen Sperrnotruf informieren.

Generell sollte man sich immer die **wichtigsten Daten** wie Kartennummer und Ausstellungsdatum separat notieren, da diese unter Umständen abgefragt werden.

- **Deutscher Sperrnotruf:** Tel. 116116
- **Weitere Infos:** www.kartensicherheit.de, www.sperr-notruf.de

Öffnungszeiten

Die **Geschäfte** in der Innenstadt öffnen ihre Türe in der Regel zwischen 9 und 10 Uhr. Größere Läden schließen werktags gewöhnlich um 20 Uhr, kleine schon um 18.30 oder 19 Uhr. Mittlerweile haben die meisten Geschäfte durchgehend geöffnet, bei manchen kleinen Läden gibt es aber nach wie vor eine Mittagspause.

Die Münsteraner **Museen** haben sehr unterschiedliche Öffnungszeiten (s. S. 34). Montags sind sie in der Regel geschlossen.

Post

Einen Überblick über die Postfilialen in Münster gibt die Internetseite http://standorte.deutschepost.de.

✉172 [D4] **Deutsche Post,** Domplatz 6–7, im Gebäude der ehemaligen Oberpostdirektion, geöffnet: Mo–Fr 9–18.30 Uhr, Sa 8.30–14 Uhr

Radfahren

Da Münster die deutsche **Fahrradhauptstadt** ist, herrschen für Radfahrer hier nahezu paradiesische Bedingungen. Über **Fahrradrouten** in und um Münster informieren der ADFC und auch die Münster Information (s. S. 119).

ⓘ173 [G6] **Allgemeiner Deutscher Fahrrad-Club Münster/Münsterland e. V. (ADFC),** Dortmunder Straße 19, Tel. 393999, www.adfc-nrw.de, geöffnet: Do 16–19 Uhr und Sa 10–13 Uhr

064ms Abb.: cg

Fahrradverleih

An zahlreichen Stellen in Münster können Fahrräder ausgeliehen werden. Viele Verleiher haben auch Elektrobikes im Angebot, mit denen man ohne großen Kraftaufwand Stadt und Umgebung erkunden kann.

- •174 [D4] **ADFC-Radstation Münster Arkaden,** Königsstr. 7, Tel. 7036790, www.radstation-arkaden.de. Die ADFC-Radstation in den Münster Arkaden hält 70 Leihfahrräder bereit.
- •175 [F4] **Drahtesel,** Servatiiplatz 7, Tel. 511228, www.drahtesel-muenster.de. Beim Fahrradhändler Drahtesel können fünf E-Bikes ausgeliehen werden.
- •176 **Radstation Gut Kinderhaus,** Am Max-Klemens-Kanal 19, Tel. 9210330, 9210334, http://mds-muenster.de. Der Fahrradverleih am Gut Kinderhaus, das Wohnstätte und Integrationsbetrieb für behinderte Menschen ist, befindet sich am Rande der Stadt – ein idealer Startpunkt, um die Münsterländer Parklandschaft auf zwei Rädern zu erkunden. Wer dabei nicht immer selbst in die Pedale treten will, kann auch Elektrobikes mieten.
- •177 [F5] **Radstation Münster Hundt KG,** Berliner Platz 27a (direkt vor dem Hauptbahnhof), Tel. 4840170, www.radstation-muenster.de. 200 Fahrräder, Kinderanhänger, Kindersitze, Tandems und 15 E-Bikes stehen im Fuhrpark der Radstation in Münsters erstem Fahrradparkhaus vor dem Bahnhof.

Fahrradparkhäuser

Um das Fahrrad sicher abzustellen, gibt es drei Fahrradparkhäuser.

- › **ADFC-Radstation Münster Arkaden**
- › **Radstation Münster Hundt KG**
- •178 [E4] **Radlager,** Stubengasse, Tel. 9723217, www.wbi-muenster.de

Schwule und Lesben

Am 29. April 1972 fand in Münster die deutschlandweit erste Demonstration homosexueller Menschen statt, die sich damit das erste Mal öffentlich für ihre Rechte einsetzten. Sahen sich die Demonstranten damals noch starken Anfeindungen ausgesetzt, so führt das alternativ-studentische Klima in der Stadt Münster heute auch zu einem toleranten Umgang mit dem Thema Homosexualität.

- ⓘ179 [di] **KCM Schwulenzentrum Münster e. V.,** Am Hawerkamp 31, Tel. 665686, www.kcm-muenster.de. Das KCM wurde 1985 als „Kommunikations Centrum Münsterland e. V." gegründet. Es ist Begegnungsstätte, Weiterbildungsinstitut und Selbsthilfeeinrichtung für homosexuelle Menschen. Regelmäßig werden in den Räumen des KCM am Hawerkamp auch Partys veranstaltet.

EXTRATIPP

Queerstreifen und Queer Monday

Im Münsteraner Programmkino Cinema finden Anfang November die **Queerstreifen,** Münsters lesbisch-schwule Filmtage, statt. In einem dichten Programm werden aktuelle Spielfilme und Dokumentationen gezeigt, die sich mit Homosexualität auseinandersetzen. Den Rest des Jahres werden am **Queer Monday,** jeweils am 2. und 4. Montag im Monat, Filme mit schwul-lesbischem Kontext gezeigt.

- 181 [H4] **Cinema,** Warendorfer Str. 45, Tel. 30300, www.cinema-muenster.de

Die alte Germania-Brauerei beherbergt heute das Factory Hotel (s. S. 127)

Cafés und Kneipen

› **Café Garbo,** im Cinema (s. S. 124), geöffnet: Mo–Sa 10–0.30 Uhr, So 10–22.15 Uhr, an Feiertagen 12–22.15 Uhr. Das Café Garbo ist die Kinokneipe des Programmkinos Cinema, aber auch Nicht-Kinogänger fühlen sich in diesem netten Lokal wohl. Seit Jahren ist es auch ein beliebter Treffpunkt für Schwule und Lesben.

180 [F3] **Na und...?!,** Ritterstraße 28a, Tel. 5087640, www.naund-ms.de, geöffnet: Di–Do, So 21–1 Uhr, Fr/Sa ab 21 Uhr (Ende offen). Dass Münsters älteste Schwulenkneipe schon über 30 Jahre auf dem Buckel hat, sieht man ihr nicht an. Regelmäßig finden in der gemütlichen Kneipe auch Partys statt.

Unterkünfte

› **Hotel Garni Windthorst** (s. S. 127)
› **TREFF Hotel Münster City Center** (s. S. 128)
› **Factory Hotel** (s. S. 127)

Sicherheit

Wie in vielen anderen bundesdeutschen Städten ist die Gefahr, in Münster Opfer eines Verbrechens zu werden, recht gering. Dennoch ist es vor allem im dichten Gedränge der Fußgängerzonen, auf dem Markt und natürlich auf den Weihnachtsmärkten empfehlenswert, sehr sorgfältig auf seine Wertsachen zu achten, um nicht Opfer von **Taschendieben** zu werden.

182 [E4] **Polizeiwache Alter Steinweg,** Alter Steinweg 44, Bus 1, 14 (Haltestelle Prinzipalmarkt), Bus 1, 5, 6, 7, 8, 9, 14, 15, 16, 17 (Haltestelle Altstadt/Bült), Tel. 2752912

183 [cg] **Polizeiwache Friesenring/ Polizeipräsidium,** Friesenring 43, Bus 15, 16 (Polizeipräsidium), Tel. 2752412

184 [H4] **Polizeiwache Gutenbergstraße,** Gutenbergstraße 17, Bus 14 (Haltestelle Manfred-von-Richthofen-Straße), Tel. 2752612

065ms Abb.: cg

Stadttouren

In Münster gibt es mehrere Anbieter von Stadtführungen und Stadtrundgängen.

- **K3 Stadtführungen,** Dahlweg 56, www.k3-stadtfuehrungen.de, Tel. 1432516. Seit 2007 bietet „K3" offene Stadtführungen zu unterschiedlichsten Themen an.
- **make! history,** Janningsweg 63, Tel. 2639625, www.make-history.de. Offene Stadtführungen, die sich vornehmlich mit den weitgehend unbekannten Perlen der Stadtgeschichte beschäftigen – wie beispielsweise den Heiligen und Seligen, die in dieser Stadt lebten.
- **Stadt Lupe,** Heinrich-Brüning-Straße 9, Tel. 4922770, www.stadt-lupe.de, Stadtführungen zu unterschiedlichen Themen.
- **Stattreisen Münster,** Rothenburg 47, Tel. 4140333, www.stattreisen-muenster.de. Der wohl älteste Anbieter von Stadtführungen in Münster. Highlight des Programms ist der Nachtwächter-Rundgang im abendlichen Münster.

In 50 Minuten ganz Münster erleben kann man mit den **Münsteraner Stadtrundfahrten.** Los geht es zur vollen Stunde am Domplatz:

- Januar/Februar: nur Sa 11–15 Uhr, März: Fr/Sa/So 11–16 Uhr, April/Mai: tägl. außer Mo 11–16 Uhr, Juni/Juli/August/September/Oktober: tägl. außer Mo 11–17 Uhr, November: Fr/Sa/So 11–16 Uhr, Dezember, tägl. außer Mo 11–15 Uhr, weitere Infos unter www.muensteraner-stadtrundfahrten.de

Das Hotel Busche wurde 1967 durch den Film „Alle Jahre wieder" berühmt

Der **Münster Bus,** ein roter Doppeldecker, bringt einen zu den wichtigsten Sehenswürdigkeiten der Stadt. An den ausgewiesenen Haltestellen kann die Rundfahrt zur Besichtigung von Sehenswürdigkeiten unterbrochen und später wieder aufgenommen werden.

- Fahrplan und weitere Information: www.muensterbus.ms

Unterkunft

Preiskategorien

In Münster gibt es Unterkünfte für jeden Geschmack und jede Geldbörse. Viele Hotels sind im Bereich der Altstadt zu finden, während sich die meisten Pensionen und Ferienwohnungen außerhalb des Zentrums befinden. Bei der Suche nach einer Unterkunft hilft die Zimmervermittlung von Münster Marketing in der Heinrich-Brüning Straße (s. S. 119).

Hotels

185 [D4] **Central Hotel** €€€, Aegidiistraße 1, Tel. 510150, www.central-hotel-muenster.de. Unweit vom Landesmuseum und dem Picasso-Museum wird Kunst auch im privat geführten Central Hotel großgeschrieben. Hier logierten schon Joseph Beuys, Claes Oldenburg

Preiskategorien

Die angegebenen Preiskategorien beziehen sich auf ein Doppelzimmer inkl. Frühstück.

€	bis 50 €
€€	50–100 €
€€€	über 100 €

066ms Abb.: cg

und Christo mit Jeanne-Claude. Viele Künstler hinterließen Werke, die heute im Hotel zu sehen sind.

- 186 [bf] **Factory Hotel** €€€, An der Germania Brauerei 5, Germania Campus, Tel. 41880, www.factoryhotel-muenster.de. Das „Designhotel" wurde 2008 in der alten, denkmalgeschützten Germania-Brauerei eröffnet und bietet 144 geräumige und modern gestaltete Zimmer, zwei hoteleigene Restaurants und eine Diskothek. Das Wellnesscenter mit Swimmingpool und Fitnessraum kann von den Gästen kostenfrei genutzt werden.
- 187 [A2] **Hotel am Schlosspark** €€€, Schmale Straße 2–4, Tel. 8998200, www.hotel-am-schlosspark-muenster.de. In einer kleinen Seitenstraße nicht weit vom Schlosspark entfernt befindet sich das moderne Hotel mit hellen, komfortablen Zimmern. Auch Appartements für 1 bis 3 Personen stehen zur Verfügung.
- 188 [D3] **Hotel Garni Busche am Dom** €€€, Bogenstraße 10, Tel. 46444, www.hotel-busche.de. Am Kiepenkerl-Denkmal direkt beim Durchgang zum Domhügel gelegen, ist das Hotel ein guter Ausgangspunkt, um Münster zu entdecken. Seit den 1950er-Jahren ist das Hotel Busche mit seinem gemütlichen Charme aus Münster nicht mehr wegzudenken. Berühmt wurde es im Jahre 1967 als Drehort für den Film „Alle Jahre wieder" von Ulrich und Peter Schamoni.
- 189 [E3] **Hotel Garni International am Theater** €€, Neubrückenstraße 12–14, Tel. 899780, www.hotel-international-am-theater.de. Vom Hotel am Theater ist die Altstadt schnell zu Fuß erreicht. Die schlichte Ausstattung der Zimmer, das freundliche Personal und ein reichhaltiges Frühstücksbuffet mit westfälischen Wurstspezialitäten sorgen für einen angenehmen Aufenthalt.
- 190 [E5] **Hotel Garni Windthorst** €€, Windthorststraße 19, Tel. 484590, www.hotel-windthorst.de. Das kleine familiengeführte Hotel zwischen Bahnhof und Stadt verfügt über 20 gepflegte Zimmer. Vom Frühstücksraum im 4. Stockwerk hat man einen herrlichen Blick auf Münster.
- 191 [eh] **Hotel Haus zum Guten Hirten** €€, Mauritz-Lindenweg 61, Tel. 37870, www.hotel-guter-hirte.de. 1986 wurde das Haus zum Guten Hirten als Gästehaus des Ordens der Schwestern vom Guten Hirten eröffnet. Nach der Komplettrenovierung eröffnete das Haus als Integrationsbetrieb – 10 Menschen mit Behinderungen arbeiten hier. Im behindertengerecht eingerichteten Hotel sind Gäste mit und ohne Handicap willkommen, der freundliche Service und die angenehme Atmosphäre tragen zu einem entspannten Aufenthalt bei.
- 192 [F5] **Hotel Horstmann** €€, Windthorststraße 12, Tel. 417040, www.hotel-

horstmann.de. Ein Hotel ohne Schnickschnack in der Nähe des Hauptbahnhofs. In der angenehmen und ruhigen Atmosphäre ist schnell vergessen, dass man sich mitten in der Stadt befindet.

193 [C3] **Hotel Überwasserhof** €€€, Überwasserstraße 3, Tel. 41770, www.ueberwasserhof.de. Im lebendigen Kuhviertel liegt das gediegene Hotel Überwasserhof. Die Schallschutzverglasung sorgt für Ruhe, auch wenn es draußen einmal lauter zugeht.

194 [E4] **TREFF Hotel Münster City Center** €€€, Stubengasse 33, Tel. 490990, www.ramada.de/muenster. Inmitten der Altstadt befindet sich das TREFF Hotel in der Neubebauung an der Stubengasse. In zwei Gebäuden gibt es 140 helle und modern eingerichtete Zimmer. 10 Zimmer richten sich speziell an die Bedürfnisse von Allergikern. Parkmöglichkeiten bestehen im Parkhaus an der Stubengasse.

067ms Abb.: cg

Jugendgästehaus/Hostel

195 [B6] **JugendGästehaus Aasee** €, Bismarckallee 31, Tel. 530280, www.djh-wl.de/jh/muenster. Das moderne Jugendgästehaus liegt direkt am See, aber auch die Altstadt ist nach einem kurzen Fußweg schnell erreicht. Für die Übernachtung ist eine Mitgliedschaft im Deutschen Jugendherbergswerk notwendig, die am Empfang erworben werden kann. Es gibt die Möglichkeit für eine kostenlose Schnuppermitgliedschaft.

196 [D1] **Nordstern Hostel** €, Hoyastraße 3, Tel. 3997315, www.nordstern-hostel.de. Das Nordstern Hostel liegt im lebendigen Kreuzviertel und nicht weit von der Innenstadt entfernt. Die Zimmer sind individuell gestaltet und verfügen über Waschgelegenheiten. Duschen befinden sich auf dem Flur. Dem Hotel ist die Traditionskneipe Nordstern angeschlossen, die für ihre Brathähnchen weit über Münster hinaus bekannt ist.

197 [F4] **Sleep Station** €, Wolbecker Str. 1, Tel. 4828155, www.sleep-station.de. Das Backpacker Hostel „Sleep Station" verfügt über 1- bis 8-Bett-Zimmer und eine Küche zur Selbstversorgung. Bettwäsche und Handtücher können geliehen werden. Auch Waschmaschine und Trockner stehen zur Verfügung.

Pensionen

198 **Hof Holtmann,** Auf der Laer 50, Tel. 9876052, www.hof-holtmann.de, 58–65 € pro Übernachtung bei Zweierbelegung, jede weitere Person 12 €. Außerhalb der Stadt, aber nur wenige Autominuten von Münsteraner Zentrum entfernt, liegt der Hof Holtmann. 2008 wurden Hühnerstall und Wagenremise zu Ferienwohnungen umgebaut. So lässt sich die Städtereise auf angenehme Art mit einem erholsamen Aufenthalt in ländlicher Idylle verbinden.

🏠**199 Luna di Lana,** Mondstraße 158, Tel. 0173 2940703, www.lunadilana.de/ferienhaus, 50–65 € pro Tag/300–400 € pro Woche. Das gemütliche Ferienhaus verfügt über einem großen Wohnraum mit Küche, Esstisch und Schlafcouch, ein kleines Badezimmer und ein Giebelzimmer mit Doppelbett. Auch ein schöner Garten mit Gartenmöbeln steht zur Verfügung. Haustiere sind willkommen.

Campingplatz

⚠**200 Campingplatz Münster,** Laerer Werseufer 7, http://campingplatz-muenster.de , Tel. 311982, Pauschalpreis für eine Übernachtung mit Wohnwagen/Wohnmobil und 2 Personen: 26 € (inkl. Strom und Müllabfuhr). Der Campingplatz Münster liegt bei Stapelskotten an der Werse nur wenige Kilometer vom Stadtzentrum entfernt. Die Anlage wurde mehrfach ausgezeichnet. Alle Touristikplätze verfügen über Terrasse, Strom, Wasser und TV-Anschluss. Der Campingplatz ist ganzjährig geöffnet.

Verkehrsmittel

Busverkehr

Der Busverkehr in Münster wird von den Stadtwerken betrieben. **Fahrkarten** können im Bus gelöst werden, jedoch wird dann ein höherer Preis berechnet. Es lohnt sich daher, die Tickets bei den zahlreichen Verkaufsstellen zu kaufen. Unter anderem gibt es sie auch in den Filialen der Stadtbäckerei und diversen Tabak- und Zeitungsgeschäften. Zudem stehen an stark frequentierten Haltestellen (vor allem im Innenstadtbereich) auch Fahrkartenautomaten zur Verfügung. Neben dem **Einzelticket** für 2,30 € (im Bus 2,60 €) bieten sich für Touristen folgende Fahrkarten an:

- **9 Uhr TagesTicket,** gültig ab 9 Uhr: 4,30 € (im Bus 5,30 €)
- **9 Uhr GruppenTicket,** gültig ab 9 Uhr für bis zu fünf Personen: 8,90 (im Bus 11 €)
- **WochenTicket:** 23,30 €

Ab 21 Uhr verkehren **Nachtbusse** – im Stadtgebiet Münster sogar **ohne Aufpreis.** Verschiedene Linien bringen die Fahrgäste vom Hauptbahnhof in die Stadtteile. Unter der Woche werden sie bis circa 1 Uhr bedient, am Wochenende fahren die Busse auch noch in den frühen Morgenstunden.

Damit Mädchen und Frauen in der Nacht sicher nach Hause kommen, haben sich die Stadtwerke ein beson-

068ms Abb.: cg

⌃ *Wann kommt der Bus? Diese Anzeigetafeln geben Auskunft.*

⌃ *Preiswerte Zimmer und Brathähnchen gibt es im Nordstern Hostel*

deres Angebot ausgedacht: Frauen (auch mit Kindern) und Mädchen ab 14 Jahre können auf einen **Taxi-Ruf-Service** zurückgreifen, wenn Sie beim Einstieg beim Busfahrer ein Taxi zur Ausstiegshaltestelle bestellen. Die Kosten für die Anfahrt des Taxis übernehmen die Stadtwerke, den Preis für die gefahrenen Kilometer trägt man allerdings selbst.

- 201 [F5] **Service-Zentrum mobilé,** Berliner Platz 22 (gegenüber dem Hbf), Tel. 01803 504030, geöffnet: Mo–Fr 9–19 Uhr, Sa 9–14 Uhr
- 202 [E4] **Stadtwerke CityShop,** Salzstraße 21, Tel. 6941234, geöffnet: Mo–Fr 10–20 Uhr, Sa 10–18 Uhr

Fahrplanauskünfte

- **Münsterland e. V.:** www.bus-und-bahn-im-muensterland.de
- **Stadtwerke Münster:** Tel. 01803 504030, www.stadtwerke-muenster.de

Taxi

Natürlich kann man in Münster auch Taxi fahren. Taxistände befinden sich unter anderem in der Altstadt am Roggenmarkt und am Bahnhof. Die Taxizentrale ist unter Tel. 60011, der Taxiruf unter Tel. 25500 erreichbar.

Wetter und Reisezeit

Münster eilt der Ruf voraus, eine **regenreiche Stadt** zu sein und tatsächlich gibt es in der Stadt relativ viele Regentage. Im Schnitt regnet es an 190 Tagen im Jahr. Da ist es nur ein schwacher Trost, dass die Niederschlagsmenge mit durchschnittlichen 770 mm pro Jahr im deutschen Mittelmaß liegt. Immerhin gibt es aber auch rund 1580 Sonnenstunden im Jahr.

Da sich der Regen und Sonnenstunden recht gleichmäßig verteilen, ist Münster das ganze Jahr hindurch ein beliebtes Reiseziel. Im **Frühling** und **Frühsommer** sind freilich die Aussichten auf angenehme Temperaturen und vergleichsweise wenig Regen besonders gut. Im **Spätsommer** lockt die Stadt mit vielen Veranstaltungen – von der Montgolfiade über die Nacht der Museen bis hin zum Marathon und zum Radrennen. Im **Dezember** schließlich ziehen die berühmten Münsteraner Weihnachtsmärkte die Besucher an. Dann kann es aber in der Stadt sehr voll werden. Eine rechtzeitige Reservierung in Hotels und Restaurants ist daher empfehlenswert.

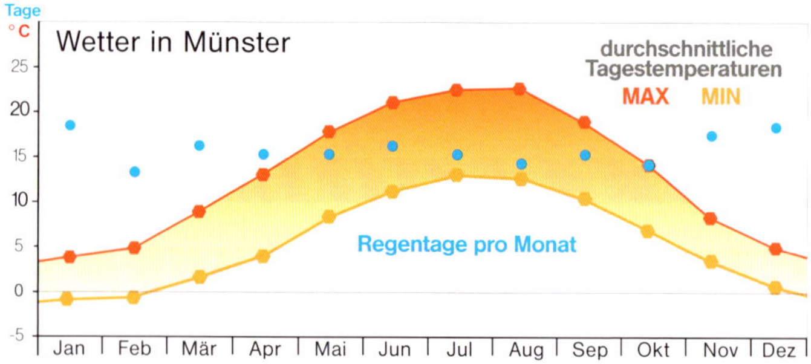

Anhang

001ms Abb.: cg

Register

Der Autor

Christopher Görlich (Jahrgang 1977) studierte in Potsdam und Berlin und promovierte an der Humboldt-Universität über den Urlaub in der DDR. Heute lebt er wieder in seiner Heimatstadt Münster und betreibt die Geschichtsagentur make! history. Nicht nur als leidenschaftlicher Radfahrer weiß er die lebenswerteste Stadt der Welt zu schätzen.

Bildnachweis

cg	Christopher Görlich (Autor)
Umschlag	fotolia.com/ Linda Meyer

Wir danken dem Presseamt der Stadt Münster (Fotos) und den Stadtwerken Münster (Liniennetzplan) für die freundlichen Abdruckgenehmigungen.

Schreiben Sie uns

Dieser CityTrip-Band ist gespickt mit Adressen, Preisen, Tipps und Infos. Nur vor Ort kann überprüft werden, was noch stimmt, was sich verändert hat, ob Preise gestiegen oder gefallen sind, ob ein Hotel, ein Restaurant immer noch empfehlenswert ist oder nicht mehr usw. Unsere Autoren sind zwar stetig unterwegs und erstellen alle zwei Jahre eine komplette Aktualisierung, aber auf die Mithilfe von Reisenden können sie nicht verzichten.

Darum: Schreiben Sie uns, was sich geändert hat, was besser sein könnte, was gestrichen bzw. ergänzt werden soll. Wenn sich die Infos direkt auf das Buch beziehen, würde die Seitenangabe uns die Arbeit sehr erleichtern. Gut verwertbare Informationen belohnt der Verlag mit einem Sprechführer Ihrer Wahl aus der über 220 Bände umfassenden Reihe „Kauderwelsch".

Bitte schreiben Sie an:
Reise Know-How Verlag Peter Rump GmbH, Postfach 140666, D-33626 Bielefeld, oder per E-Mail an: info@reise-know-how.de

Danke!

Weiterer Titel für die Region von Reise Know-How

CityTrip Bielefeld
Daniel Dependahl
978-3-8317-2390-4
144 Seiten
9,95 Euro [D]

Mit begleitendem Service für Smartphones, iPad & Co.:
- → GPS-Daten aller beschriebenen Örtlichkeiten
- → Stadtplan als GPS-PDF

Viele reisepraktische Infos | Sorgfältige Beschreibung der interessantesten Sehenswürdigkeiten | Historische Hintergründe der Stadt Geschichte der Region | Detaillierte Stadtpläne | Empfehlenswerte Unterkünfte Restaurants aller Preisklassen | Erlebnisreiche Stadtrundgänge Mit City-Faltplan zum Herausnehmen | 144 Seiten

www.reise-know-how.de

Liste der Karteneinträge

Liste der Karteneinträge

Vogelschauplan von Münster im Jahre 1636 von Everhardus Alerdinck

Liste der Karteneinträge

Hier nicht aufgeführte Nummern liegen außerhalb der abgebildeten Karten. Ihre Lage kann aber wie bei allen Ortsmarken im Buch mithilfe unserer Kartenansichten unter Google Maps™ gefunden werden (s. rechts).

Legende der Karten- und Textsymbole

❶	Hauptsehenswürdigkeit
[D3]	Verweis auf Planquadrat im City-Faltplan
	Arzt, Apotheke, Krankenhaus
	Bar, Bistro, Klub, Treffpunkt
	Biergarten, Pub, Kneipe
	Café
	Camping-/Wohnmobilstellplatz
	Denkmal
	Fischrestaurant
	Friedhof
	Galerie
	Geschäft, Kaufhaus, Markt
	Hotel, Unterkunft
	Imbiss, Bistro
	Informationsstelle
@	Internetcafé
	Jugendherberge, Hostel
	Kino
	Kirche
	Museum
	Musikszene, Disco, Tanz
	Parkplatz
	Pension, Ferienhaus
	Polizei
	Postamt
	Restaurant
	Schwimmbad
●	Sonstiges
✡	Synagoge
	Theater
★	Sehenswürdigkeit
	vegetarisches Restaurant
	Stadtspaziergang (s. S. 15)
	Shoppingareal
	Gastro- und Nightlife-Areal

Mit PC, Smartphone & Co.

Unsere **kostenlosen Begleitservices** unter **www.reise-know-how.de** (auf der Produktseite dieses Titels):

★**Alle Ortsmarken des Buches unter Google Maps™:** Springen Sie im Internet direkt aus unseren thematischen Listen an den genauen Punkt auf der Karte. Luftbildansichten, Fotos und die Streetview-Funktion zeigen ein genaues Bild des Objektes und seiner Umgebung. Weitere Funktionen wie Routenplaner und Verkehrsplan erleichtern die Orientierung vor Ort.

★Smartphone-Nutzern empfiehlt sich der direkte Aufruf dieses Online-Kartenservices als Web-App unter: http://ct-muenster14.reise-know-how.de

★**Faltplan als PDF mit Geodaten:** Nach dem Speichern auch mobil nutzbar auf allen Geräten mit PDF-Reader. Der aktuelle Acrobat Reader™ stellt Zusatzfunktionen für die Geodaten bereit. Für iPhone/iPad empfiehlt sich die App „PDF Maps" von Avenza™.

★**GPS-Daten aller Ortsmarken:** einfacher Import in GPS-Geräte, Navis und Geosoftware auf PCs und mobilen Geräten

★**Kapitel „Praktische Reisetipps" als kostenloses PDF:** Nach dem Speichern auch mobil nutzbar auf allen Geräten mit PDF-Reader. Darüber hinaus kann das Buch insgesamt oder eine persönliche **Auswahl einzelner Seiten als PDF käuflich erworben** werden.

★NEU★ **CityTrip als App:** Installieren Sie den **Reise Know-How Guide Store** aus dem iTunes Store bzw. Google Play Store und erwerben Sie buchbegleitende CityTrip-Apps mit vielen nützlichen Funktionen für die mobile Nutzung.

Konzeption & Satz: www.com-padres.de

Haltestellenbereich »Innenstadt«

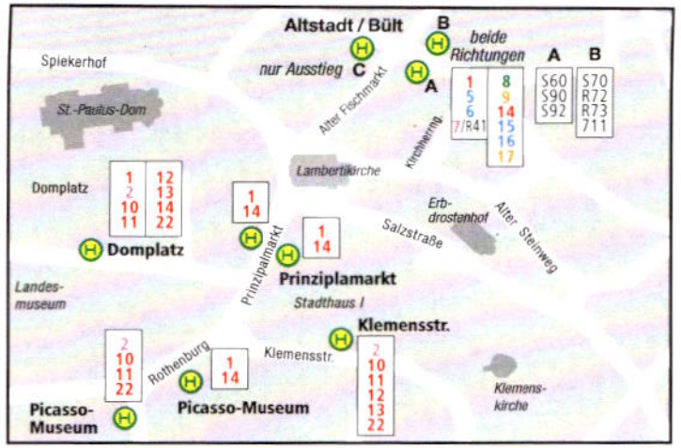

Sprechender Fahrplan: 0 800 / 3 50 40 30
(elektr. Auskunft: kostenfrei)

Haltestellenbereich »Hauptbahnhof«

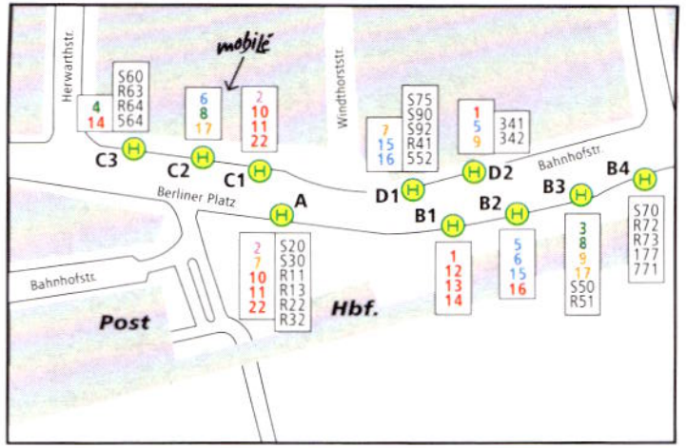

Schlaue Nummer für Bus & Bahn: 0 180 3 / 50 40 30
(persönl. Auskunft: 9 ct/min im dt. Festnetz, Mobilfunk max. 42 ct/min)

TagesNetz Münster

Betriebszeitraum:
- Montag bis Freitag 5 – 21 Uhr,
- Samstag und Sonntag 8 – 21 Uhr.

Haltestellenbedienung nur im **TagesNetz Münster**

Haltestellenbedienung auch im **NachtNetz Münster**

T 20 — **TaxiBus**-Linienverkehr wird mit einem Taxi nur nach Anmeldung (Tel. 0 180 3 / 50 40 33, 9 Ct./Min. im dt. Festnetz, Mobilfunk max. 42 Ct./Min., oder beim Fahrpersonal) durchgeführt.

TaxiBus — Umsteigehaltestelle **StadtBus – TaxiBus**

R32 — Linienbusse des Regionalverkehrs

H — WasserBus mit Haltestelle (eigener Tarif)

www.stadtwerke-muenster.de Stand: 07.10.2013